マイナビ新書

教養として
学んでおきたいギリシャ神話

中村圭志

マイナビ新書

はじめに　現代に生きるギリシャ神話

すべてはギリシャ神話に始まる……

　昔から西洋文明には二つの淵源があるとされる。一つは聖書の文化、もう一つは古代のギリシャ・ローマ文明である。ヨーロッパがキリスト教化されたのは今から二〇〇〇年～一五〇〇年前のこと、それ以前にはギリシャ文明とそれを受け継いだローマ文明が咲き誇っていた。ギリシャ文明の中核にあるのは神々の物語だが、その神話的想像力は今日の欧米文化の様々な文物に影響力を保ち続けている。

　たとえばワシントンの**ホワイトハウス**、**連邦議事堂**、そしてとくに**連邦最高裁**の真っ白な建築は、いずれもギリシャ神殿のスタイルを踏襲している。とくに正面に列柱を置くところなどがそうだ。ギリシャの首都アテネのアクロポリスの丘にある**パルテノン神殿**の、あのスタイルである。

天文関係にはギリシャ神話由来のネーミングが多い。**アンドロメダ銀河**はギリシャ英雄神話のお姫様、**アポロ計画**はギリシャ一のイケメン神アポロンにちなむ。星占いで知られる星座のネーミングは半分以上がギリシャ神話由来である。

オリンピック競技は古代ギリシャのオリュンピア祭を近代に再現したものだ。ギリシャ最高神の**ゼウス神殿**があったオリュンピアでは四年に一度競技会が開かれた。戦争があってもこのときは停戦した。日本の相撲が神事に由来するように、競走や円盤投げやレスリングはもともと神々に奉納されたものである。第一回の競技会は紀元前七七六年に開かれ、それから千年以上たった紀元後三九三年に最後の競技会（第二九三回競技会）が開かれた。千年とはまた長い！

まだまだある。美術館や博物館を意味する**ミュージアム**は技芸を司る女神たちムーサイ（**ミューズ**）に由来するネーミングだ。芸術方面では、**西洋演劇**の遠き起源が酒神**ディオニュソス**に捧げられた御神楽（みかぐら）にある。神話を題材にした古代の

アテネのパルテノン神殿

ワシントンの米連邦最高裁

悲劇作品『**オイディプス王**』は現代でも人気のある演目である。オイディプスの別読みはエディプスだが、精神分析学のフロイトが神話にヒントを得て**エディプスコンプレックス**なる概念を創出したことはよく知られている。

医学の父はヒポクラテスとされるが、医神**アスクレピオス**のことも忘れられない。生命力を象徴するヘビが巻きついたアスクレピオスの杖はＷＨＯ（世界保健機関）旗など医療のシンボルマークになっている。

医神アスクレピオスの杖

WHO 旗など医療のシンボルマークになっている

ギリシャといえば**哲学**の故郷であるが、その「開祖」とされる哲人ソクラテスは神託の神**アポロン**の敬虔なる信者でもあった。かくして哲学を通じて現代の我々はギリシャ神話の世界の一端に触れるという次第となっている。

きりがないのでこのくらいにしてお

こう。

ギリシャ神話の影響力の大きさがおわかりいただけただろうか。

広大なギリシャ神話の世界を一冊のガイドブックで語り尽くすわけにはいかないが、本書では面白いエピソードをコンパクトに紹介し全体への目配りも配慮したので、これ一冊でだいたいのコンセプトはつかめる。どこかで聞いたことのあるエピソードもあるだろうが、「へえ、こんな話だったのか」と意外性を発見することもあるだろう。なお、本書では読みやすさを考慮して、筆者自身が物語やセリフを語り直している。

本書は三つの章から成る。第1章では「オリュンポス十二神」の代表的な神話を紹介する。ちなみにこれらの神々は本来は「物語の主人公」ではなく「信仰の対象」である。漫画のキャラのようにみながみな前面に出て活躍するわけではないので要注意だ。この章ではとくに重要な役割を演ずる神々をピックアップして紹介するという構成にした。

第2章ではオリュンポス神話を取り巻く重要な神話群として、世界の起源や神々の政権交代、人間の歴史を描いた神話などを取り上げる。人類に火を与えたプロメテウスや、逆に人類に災いをもたらした「パンドラの箱」の神話などである。

第3章で扱うのは人間の英雄である。怪物を退治してお姫様を救うペルセウス、迷宮に入って牛人をやっつけるテセウス、十二の功業をもつ怪力の持ち主ヘラクレス、トロイア戦争の英雄アキレウスやオデュッセウスである。実は叙事詩の中で多く語られ、物語としてまとまっているのは彼ら英雄たちの神話なのだ。「アキレス腱」「トロイの木馬」といったオモシロ噺も豊富に含まれている。

という次第だ。ファンタジックで面白い世界を十二分にお楽しみあれ。グッド・ラック！

教養として学んでおきたいギリシャ神話

目次

第1章　オリュンポス十二神

1　ゼウス・ファミリーの紹介　21

第2章　世界の始まりと人類の始まり

第3章　英雄たちの活躍

3　星座になった英雄と神々　174

4　アキレス腱、トロイの木馬、『2001年宇宙の旅』　187

第1章

オリュンポス十二神

みなさんはオリュンポスという名前をどこかで聞いたことがあるだろう。オリンポスという形で覚えておられる方も多いと思う。では、オリンパスは？　これは光学機械や電子機械のメーカーの名前だ。

綴りや発音は微妙に異なるが、いずれも語源は同じである。ギリシャにある標高二九一七メートルの山の名前だ。雪を頂いて白く光る山に瑞雲がたなびくといかにも霊峰めいており、古代ギリシャ人は神々の宮殿としてふさわしいと考えた(日本で言えば天孫が降臨した高千穂の峰である。旧高千穂製作所がオリンパスと改名したのはこの連想のせいなのだそうだ)。

オリュンポスの神々は伝統的に「十二神」と決まっていて、その長にあたるのがゼウス大神である。では、さっそく神々の顔ぶれを紹介しよう。

1　ゼウス・ファミリーの紹介

●二つの世代に分かれるオリュンポスの神々

オリュンポスの神々については、ゼウスとその兄弟の世代と、ゼウスの子供たちの世代とに分けて説明していくのがわかりやすいだろう。24〜25ページのイラスト入り系図を眺めながらお読みあれ。ハデスとディオニュソスについては「十二神」に数えられないことが多いが、ゼウスの家族であるし、重要な神でもあるので、合わせて紹介しておく。

まずゼウスとその兄たちは世界を大きく分割支配している。天界の支配および全般的統率がゼウス、海（および大地）がポセイドン、冥界がハデスという分業体制だ。

男どもがいずれも支配者然としているのに対し、女性たち、つまりゼウスの姉妹たちは人間生活の守護の役割が大きい。五穀の恵みはデメテルから、家庭の安定はヘラから、竈の火の恵みがヘスティアからもたらされる。

古代世界の覇者であるローマ人は自分たちの神々をギリシャの神々と結びつけて解釈した。たとえばローマの主神ユピテル（ジュピター）はギリシャの主神ゼウスと同一ということにされた。

それゆえたいていの神々にはギリシャ名とローマ名（ラテン名）の二つがそろっている。西欧では伝統的にローマ式の呼び名を用いることが多かったので、本節では神様のギリシャ神話・ローマ神話二種の名前の綴りとその読み方を括弧に入れて示すことにしよう。

たとえば海神ポセイドンについては、（ΠΟΣΕΙΔΩΝ《ポセイドーン》／Neptunus《ネプトゥーヌス》）のように記す。

ギリシャ神話	ローマ神話（英語読み）
ゼウス　ΖΕΥΣ（ゼウス）	Jupiter　ユーピテル (ジュピター)
ヘラ　ΗΡΑ（ヘーラー）	Juno　ユーノー（ジューノー）
ポセイドン　ΠΟΣΕΙΔΩΝ（ポセイドーン）	Neptunus　ネプトゥーヌス (Neptune　ネプチューン)
ハデス　ΑΙΔΗΣ（ハーデース）	Pluto　プルートー（プルートー）
デメテル　ΔΗΜΗΤΗΡ（デーメーテール）	Ceres　ケレース（シリーズ）
ヘスティア　ΗΣΤΙΑ（ヘスティアー）	Vesta　ウェスタ（ヴェスタ）
アテナ　ΑΘΗΝΑ（アテーナー）	Minerva　ミネルウァ (ミナーヴァ)
アルテミス　ΑΡΤΕΜΙΣ（アルテミス）	Diana　ディアーナ（ダイアナ）
アポロン　ΑΠΟΛΛΩΝ（アポッローン）	Apollo　アポッロー（アポロ）
ヘパイストス　ΗΦΑΙΣΤΟΣ（ヘーパイストス）	Vulcanus　ウルカーヌス (Vulcan　ヴァルカン)
アレス　ΑΡΗΣ（アーレース）	Mars　マールス（マーズ）
ヘルメス　ΕΡΜΗΣ（ヘルメース）	Mercurius　メルクリウス (Mercury　マーキュリー)
ディオニュソス　ΔΙΟΝΥΣΟΣ（ディオニューソス）	Bacchus　バックス（バッカス）
アプロディテ　ΑΦΡΟΔΙΤΗ（アプロディーテー）	Venus　ウェヌス（ヴィーナス）

ウラノス　天空　天王星 Uranus

実線は男神、点線は女神を表す。なお、相当する惑星を添えた。

ポセイドン
海洋

ヘスティア
炉

ハデス
冥界

母はマイア

ヘルメス
伝令、商売

母はディオネ

アプロディテ
美

ウラノスの切られた陽根から生まれたとする説のほうが一般的

母はセメレ

ディオニュソス
酒、演劇

オリュンポス12神

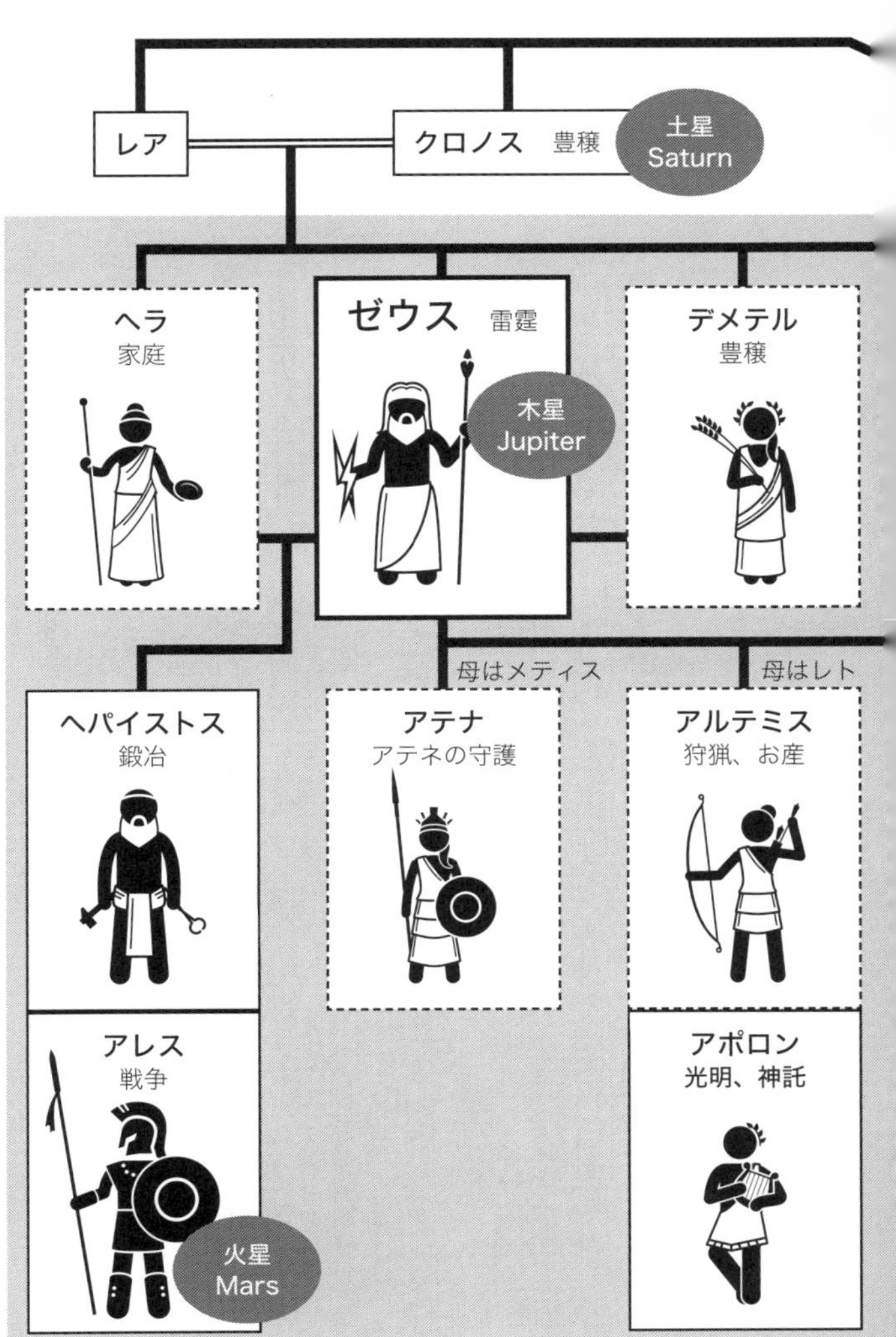
レア
クロノス　豊穣
土星
Saturn
ヘラ
家庭
ゼウス　雷霆
木星
Jupiter
デメテル
豊穣
母はメティス
母はレト
ヘパイストス
鍛冶
アテナ
アテネの守護
アルテミス
狩猟、お産
アレス
戦争
火星
Mars
アポロン
光明、神託

①主神ゼウス（ΖΕΥΣ（ゼウス）／Jupiter（ユーピテル））

なんといってもゼウスは天空にあって、ときおり稲妻などを投げつける畏（おそ）れ多くも畏（かしこ）き神様である。日本語の世界でもカミを一番感じるのはカミナリが鳴るときだ。世界中に様々な神がおられるが、雷霆神（らいていしん）を拝む民族は多い。ゼウスの持ち物としては稲妻の象徴であろう、戟（げき）がある。また叢雲（むらくも）の象徴かとも言われる楯がある。この楯はアイギス（aegis）と呼ばれるが、イージス艦のイージスがそれだ。

ゼウスを絵に描くと概ね髭をはやした逞しい壮年親爺の姿となる。ゼウスに付き物とされるのは鷲である。ペットというか、ゼウス大神そのものの象徴だ。

ゼウスが神々の首領となったいきさつについては、第2章の天地の始まりの神話のくだりで説明したい。ゼウスの事績の主なものは世界制覇を除けば、あちこちに愛人をつくって神々の一大ファミリーの家父長となったことだ。古代神話の

主神ゼウス

神々はたいがい色好みで、ゼウスもたくさんの女神や人間の女に手を出している。ローマ神話では主神ユピテル（英語読みでジュピター）がゼウスに相当するとされている（実際の歴史的起源から言ってもゼウスとユピテルは同じものであったらしい）。

②妃ヘラ（ΗΡΑ／Juno）

ヘラは大女神であり、ゼウスの正妻だ。正妻だということはゼウスには他に妻やら愛人やらがいるということであり、ヘラをめぐる神話といえばもっぱら夫に嫉妬してゼウスの愛人をやっつけたという話となっている。

一番ひどい話が一番面白いので紹介しよう。王妃セメレをゼウスが見初める。セメレは身籠る。ヘラは怒り、乳母の姿でセメレの前に現われ、「夜な夜なやってくる神様が本当にゼウス様か、正体を見せてほしいとお言いなさいな」と言葉巧みに誘導する。ゼウスは神聖な泉にかけて誓わされるが、この泉に誓った者はたとえ神でも約束は破れない。

そのためゼウスはセメレに正体を見せないわけにいかなくなる。だが、雷の神が正体を見せるとどうなるか？　セメレは電撃を受けて死んでしまったのである。

もっと穏やかな話も色々あるのだが、ともあれ、大女神がなんでこんな酷な真似をしなければならなかったのかと言えば、それはヘラが他ならぬ家庭と結婚の神聖さのシンボルだからである。だったら愛人ではなく夫のほうに復讐すればいいだろうに、古代は男性中心社会だったからどうにもならないのだ。

歴史的にはヘラはギリシャ先住民の大女神だった。そこに新来のギリシャ人の男神ゼウスの信仰が割り込んで宗教的に習合した。家庭の主婦のイメージそのものが大女神の格下げを象徴している。

③豊穣(ほうじょう)の女神デメテル（ΔΗΜΗΤΗΡ／Ceres）

ゼウスの姉妹デメテルは穀物の女神。ローマ神話名ケレースは、シリアル食品（穀類加工食品）のシリアルの語源となっている。

ゼウスの正妻ヘラにせよ、このあとで解説するアプロディテにせよ、格の高い女神たちの多くは本来かなり高い尊崇を受けていた大地母神たちである。神話的に整理されるにつれて、機能も分化していき、ヘラは結婚生活の女神、アプロディテは美の女神、アルテミスは鳥獣の守護者となった。

デメテルは穀物の女神として豊穣神らしき性格を保った。デメテルについては娘である穀類の精霊ペルセポネをめぐる神話が有名だが、その話は本章の2で詳しく取り上げる。

豊穣の女神デメテル

④海神ポセイドン（ΠΟΣΕΙΔΩΝ／Neptunus）

ポセイドンはゼウスの兄。英語式のネプチューンと呼んだほうが通りはいいかもしれない。神話の告げるところでは、ゼウスやハデスら兄弟とともに親の世代を倒して現在の支配体制を築いたのだが、神々のボスとの立場はゼウスに譲り、海の支配権で満足することにした（くじ引きでそうなったとも言われる）。

海が荒れたら怖いように、ポセイドンも怒り出したら怖い。第3章で紹介する叙事詩『オデュッセイア』では、トロイア戦争の勇士オデュッセウスが短気なポセイドンの呪いを受けて十年間も海上や島々を放浪し続けたのだとか。

ポセイドンの支配領域は案外と広く、大地に湧き出るあらゆる水の支配者でもあり、ついでに大地そのものの神という性格も持っていたらしい。大地の神らしさが現われるのは、彼が地震を起こすときである。海上で船が波に揺られるように、地上にあってもゆっさゆっさと揺さぶられるのはポセイドン様のお怒りのせ

海神ポセイドン

いなのだ。そんな具合で、ポセイドンは内陸に住む者にとっても無視できない神様であった。

ポセイドンが女神アテナと都市アテナイ（現アテネ市）の守護神の地位を争ったという神話もある。なんでも歴史的には大地の神のほうが本業だったらしく、なんとなく海のほうに追い出されて他の海神の地位を引き継いだということらしい。

あと、不思議なことにポセイドンは馬の神様でもあり、競馬の守護神となっている。海上で胴体が魚になっている馬の「戦車」を御している神様の絵があれば、それはポセイドンを描いたものだ。ポセイドンは三叉の戟（ほこ）を手にしている。姿はゼウスと同じ筋肉質の壮年親爺である。なんだかよく似ている。

⑤炉（ろ）の女神ヘスティア（ΗΣΤΙΑ（ヘスティアー）／Vesta（ウェスタ））

ヘスティアもまたゼウスの姉妹。日本で言えば家々の台所に鎮座まします「竈（かまど）の神様」だが、犠牲獣を神々に捧げる祭壇（さいだん）の炎の女神様でもある。地味な女神なので神話はあまりないが、日々の信仰にとっては重要な存在であった。食事の際にはまずヘスティアに食べ物を供物として捧げる。

炉の火は浄化の火でもある。そういうイメージは世界中にある――ペルシアの拝火教（ゾロアスター教）、護摩という神聖な火を焚く仏教の密教、死者の罪を火で浄化するというキリスト教の煉獄説などなど。だからギリシャでもヘスティアがいかに信仰の基礎をなしていたかが想像できるというものだ。

⑥冥界神ハデス（ΑΙΔΗΣ／Pluto）

ハデスもゼウスの兄弟だ。冥界神は死者の王様として地下の宮殿に住まっているので、オリュンポス十二神に加えないのが普通だが、ここで解説してしまおう。

ギリシャ人の死後の世界は原則として冥界である。この冥界もハデスと呼ぶ（語源は「見えない」ということのようだ）。冥界は地下かあるいは遠い遠い西方にある世界で、暗い哀しい死者の世界だが、ただしそこは今日でいう地獄ではない。

地獄とか天国とかいうのはキリスト教のものだ。キリスト教では唯一絶対の神が審判することで悪い奴を「火の池」（＝地獄）に落とすが、ギリシャ神話の時代にはそういう倫理的な審判の思想ははっきりとしたものではなかった。

ギリシャ神話の冥界は地獄ではなかったものの、とても楽しいところというわけでもない。英雄オデュッセウスが生きている間に冥界訪問を行なったところ、英雄アキレウスの亡霊が出てきて、「死んでこんなところでボーッと暮らすくらいなら、農奴でもいいから地上にい続けたい」と愚痴っている。

もちろん、冥界神ハデスも快活という性格ではなかった。彼が冥界の門に飼っていた猛犬ケルベロスは頭が三つで尻尾が蛇というかわいげのないものであり、冥界を取り巻く川の渡し守として雇っていたカロンも憂鬱そうな男だ。

なお今は惑星の地位を剥奪された冥王星は、英語でプルートー（ハデスのローマ名）であり、その巨大な衛星がカロンと呼ばれている。

●ゼウスの子供たち

ゼウスはヘラを正妻とする他、デメテルも妻にしているし、「妻」と称される女神は他にもある。さらに愛人も無数にいるのだが、妻と愛人の間にどういう違いがあるのかよくわからない。子供たちのうち、アルテミスとアポロンが姉と弟、ヘパイストスとアレスが兄弟である。順に紹介していこう。

⑦鍛冶神ヘパイストス（ΗΦΑΙΣΤΟΣ／Vulcanus）

ゼウスの正妻ヘラの子のうちオリュンポスの宮殿に住まうことになったのは、鍛冶の神ヘパイストスと軍神アレスである。ヘパイストスのほうから説明しよう。

ヘパイストスは歴史的には火山の神を出自とするようだが、そこから鍛冶の神に転身した。神話の告げるところでは、生まれつき不格好で足が悪かったので、母神ヘラがオリュンポスから突き落とした。ひどいお母さんだ。別の神話では、彼を突き落としたのはゼウスのほうで、夫婦喧嘩に割って入った息子に腹を立てたのだという。ひどいお父さんだ。

彼は非常に器用であり、何でも造った。武具も鍛えるし、ゼウスの宮殿を建てたのも彼である。要するに工学関係全般を一手に引き受けている神様なのである。

⑧軍神アレス（ΑΡΗΣ／Mars）

アレスは軍神だが、戦闘場面での荒くれのパワーを戦士たちに注入するのが彼の役割であって、戦略とか戦術とか、戦争をめぐる駆け引きとか、そういう政治がらみの大きな仕事をする神ではない。あんまり頭は良くなさそうだ。そもそもゼウスにせよ、アテナにせよ、大御所の神々はあらゆるものを仕切るのだから、当然戦争も仕切る。軍神の仕事というのは案外何もないのである。

というわけで、アレスは当人がイケメンだという点を除いては、あまりパッとした神話を持っていない。

ただし、アレスと同一視されたローマ神話のマールスのほうは、尊崇が厚かった。ローマ建国の祖をロムルスというが、このロムルスの父がマールスだったのである。今日マルスの名は火星マーズとして知られている。赤い星が、その禍々しい色彩から戦闘のイメージを掻き立てたのだろう。

アレスをめぐる格好悪い神話を一つだけ紹介しよう。

見てくれの悪いヘパイストスは美の女神アプロディテと結婚するという幸運を得たが、アプロディテは浮気に走る。その浮気相手がイケメンアスリートのアレスだったのである。怒ったヘパイストスはアプロディテのベッドに仕掛けを施し、密会しているふたりを生け捕りにした。すっぽんぽんのまま網にひっかかっている美神と軍神は、オリュンポスの神々の笑いものになった！

⑨都市国家の女神アテナ（ΑΘΗΝΑ(アテーナー)／Minerva(ミネルウァ)）

ゼウスがメティス（思慮）に産ませた娘。ヘンテコな話が伝わっている。男子が産まれると己の王座が奪われるとの予言だか呪いだかがあったので、ゼウスは自分がものにした女神メティスを呑み込んでしまった。だからメティスが宿したアテナは月満ちるとゼウスから産まれることになる。

都市国家の女神アテナ

産まれるって、いったいどこから？　なんとアテナはゼウスの額から飛び出したのだ。アテナは知恵の女神だから、お母さんが思慮でお父さんの頭から飛び出すのは、まあ知恵というものの比喩としては理解できるような気もする。

アテナはこれまたギリシャ人が先住民から受け継いだたいへんな大女神であり、オールマイティーである。とくに都市国家アテネでの尊崇が厚く、都市国家の守護神にして、様々な技術、音楽、戦争の女神である。戦争の女神とはまた勇ましいが、荒々しい戦闘ではなく、知的な戦略を得意とする。アテナは兜をかぶった姿に造形される。ゼウスの額から産まれたときから、完全武装をしていたと言われる。ちなみにアテナは永遠に処女である。

アテネのアクロポリスの丘にあるパルテノン神殿はアテナに捧げられたものだ。

⑩狩りとお産の女神アルテミス（ΑΡΤΕΜΙΣ〔アルテミス〕／Diana〔ディアーナ〕）

ゼウスはいとこにあたる女神レトも妻にしたが、レトが産んだのは双子であった。アルテミスとアポロンである。アルテミスは野山の動物たちの守護者であり、男を避け、弓矢を持ってきびきび歩く姿はアスリート系女子という風情でかっこいい。もとより処女神であるが、面白いことにお産の女神でもあった。

男子に対しては潔癖症であったアルテミスは森の精霊ニンフとともに暮らしている。水浴びする純潔の姿を見てしまった狩人アクタイオンを鹿の姿に変えたこともある。哀れ、アクタイオンは自分の猟犬に八つ裂きにされて死んだのであった。

なんだかおっかない女神様である。

そうそう、アルテミスは月の女神とも混交した。ローマ神話ではディアーナ（ダイアナ）と呼ばれるが、そのため、英語でもダイアナには月のイメージがある。

狩りとお産の女神アルテミス

⑪光明神アポロン（ΑΠΟΛΛΩΝ／Apollo）

アルテミスは処女を守り通すが、兄弟のアポロンは姉と同じく純粋さが売り物であるものの、別に童貞を守り通しはしなかった。

アポロンはいったい何の神だと言ったらいいのだろう？ 若き光明の神？ 周辺のアジア諸国民に比べて若さを高く評価するギリシャ人のシンボル的存在である。さらに、竪琴（たてごと）をポロロンと鳴らす音楽の神であり、アルテミスと同じく弓術に秀でた神であり、知性や哲学、そして徳性の守護者であり、医術の神でもあれば、託宣を通じて人間たちに予言を給う神でもあった。

とはいえ、歴史的にはギリシャ人にとって異質なアジア系の神であったらしく、トロイア戦争（第3章参照）では、（今のトルコにあった）都市国家トロイアの側に立ってギリシャ軍に疫病などを送り込んだりしている。ギリシャ人はこのことをどう思っていたのだろう？

光明神アポロン

ギリシャ神話で太陽神はヘリオスということになっていたが――ヘリオスは太陽そのものを意味する――、アポロンもまた太陽神の役割を担った（アメリカの月ロケットがなんでダイアナではなくアポロと呼ばれたのか不思議な気もするが、アポロ計画とは有人ロケットの開発計画全体の名称である。これはマーキュリー計画を引き継いだものなんだそうだ。なんとなく格好よさそうな神様の名前をつけたという以上の意味はなさそうである）。

アポロンは神託を発する神としても有名である。哲学者ソクラテスにアポロンの神託をめぐる有名なエピソードがあるのだが、これについては本章の3で取り上げよう。

⑫伝令神ヘルメス（ΕΡΜΗΣ（ヘルメース）／Mercurius（メルクリウス））

ゼウスが女神マイアに産ませたのが伝令神ヘルメス。ヘルメスはすばしっこい

伝令神ヘルメス

青年神で、父親の伝令としてまめに働かされているが、そもそもは交通と旅の神なのであった。それはまた通商の守護者ということでもあり、冥界に人々の魂を連れていく役割もこなした。

さらに産まれたときから頭の回転が速く、詐欺っぽいことに長けていた。というわけで泥棒の神でもある。いわゆるトリックスター（神話世界の道化）的な性格を持つ面白い神なので、本章の４で詳しく説明しよう。

⑬美神アプロディテ（ΑΦΡΟΔΙΤΗ〔アプロディーテー〕／Venus〔ウェヌス〕）

アプロディテはアフロディテあるいはアフロディーテという表記で知られているかもしれない。しかし、現代の我々にはむしろローマ神話での呼び名ヴィーナス（ウェヌスの英語読み）のほうがずっと親しいだろう。

アプロディテ／ヴィーナスは太古の豊穣の女神、大地母神に由来するものらしい。デメテルもヘラもアルテミスもそうだが、女の神様というのは、多くの場合、生殖力を誇る母なる自然のシンボルのようなところを持っている。

神話の中のアプロディテは、一説によればゼウスと女神ディオネの子であるが、別の説では彼女はゼウスより二世代前の天空神ウラノスの切断された男根から誕生したとされている。後者のほうが一般に流布した説なので、オリュンポス・ファミリーの中では一番異質と言えるのかもしれない。

絶世の美女とされる女神様が、おやじ神の隠しどころから産まれたというのは、なんとも不思議な神話だが、これについてはウラノス神が登場する太古の天地開(かい)闢(びゃく)神話のところで紹介したほうがいいだろう。第2章を御覧いただきたい。

⑭酒神ディオニュソス（ΔΙΟΝΥΣΟΣ(ディオニューソス)／Bacchus(バックス)）

ディオニュソスもゼウスの子だ。母親はヘラのところで紹介した王女セメレである。セメレはヘラの奸計によりゼウスの電撃をじかに受けて死んだ。彼女の宿した胎児は間一髪でゼウスに拾い上げられ、ゼウスは太ももの筋肉の間に埋め込んで育てたという。

ディオニュソスは十二神には加えられないことが多い。歴史的にも、ディオニュソス信仰は東方から遅れてギリシャの地にやってきたものらしい。女たちが熱狂してこの神を祭り、踊り狂ったという神話があるのだが、これについては本章の4で改めて取り上げることにする。

●ゼウスの子供たちは他にもいっぱい……

ゼウスは主神なので、役割柄様々な秩序の淵源ということになる。人間界の運命や規範を代表する一連の女神たちは、いずれもゼウスの子供だ。たとえば運命の女神モイライ（三柱いる）、季節と時間の女神ホーライ（これも三柱）、芸術や技芸を代表する女神ムーサイ（ミューズ、これは九柱）である。

これらとは別にゼウスはあちこちの人間の女に手を出して子供を儲けている。まあ、諸王家が自分たちの由来の良さを語るためにゼウスを引き合いに出したのだろう。

●惑星となった神々

英語で太陽系の惑星はギリシャ神話の神々の名を持っている（ただしローマ名で。24～25ページ参照）。太陽に近いほうから、水星がマーキュリー（＝ヘルメス）、金星がヴィーナス（＝アプロディテ）、火星がマーズ（＝アレス）、木星がジュピター（＝ゼウス）、土星がサターン（＝クロノス）である。このうちサターンはオリュンポスの神ではない。第2章で説明するゼウスの父親だ。

近代になって惑星がさらに発見され、天王星ユラナス（＝ウラノス）、海王星ネプチューン（＝ポセイドン）、冥王星プルートー（＝ハデス）が追加された。冥王星は近年「惑星」から外されてしまったが、ハデスはどうも昔から外されキャラであり、お気の毒である。

なお、人気の高い神で最初から外されているのがダイアナ（＝アルテミス）とアポロ（＝アポロン）の姉弟である。性格的にはそれぞれ月神と太陽神であっていいし、そのように考えられることもあるが、正式には普通名詞「月（セレネ）」が神格化されて月神セレネに、普通名詞「太陽（ヘリオス）」が神格化されて太陽神ヘリオスになっている。

2　豊穣と死の神話――デメテル、ペルセポネ、ハデス

●豊穣神と冥界神の深い関係

すでに説明したデメテルは、農業の実りを保証する大地の女神だ。ハデスはその兄で、冥界神だ。片方は生命を象徴し、片方は死を象徴するわけだから、まるで正反対だという感じがするだろう。しかし、古代人の神話的思考においては、この二つの現象には密接な関係があった。

第一に、農業は大地の営みであるが、死者の葬り先も同じ大地だ。豊穣と死は大地を介して結びついている。第二に、穀類などの植物は、種となって地に埋められ（つまり古代人のイメージではいったん「死を迎え」）、作物として地上に甦る。つまり植物そのものが生と死を循環している。

さらに、大地そのものが季節の移り変わりとともに劇的に変化する。冬には死

の世界となり、春には生まれ変わるのだ。

デメテルの娘であるペルセポネは、季節ごとに地中と地上を行き来する植物の霊であった。つまり彼女は冥界神ハデスの嫁であると同時に、年の半分以上は地下から甦って母神と楽しく暮らすのである。

●ゼウスの計略とペルセポネの誘拐

ペルセポネの神話を詳しく見ていこう。

少女神ペルセポネがある日野原で花を摘んで遊んでいると、突如大地が裂けた。冥界神ハデスが出現し、彼女を力ずくで奪ってしまった。

これはゼウス大神の了解済みの誘拐劇であった。地下世界の陰鬱な神様に嫁ぎたい娘がいるわけじゃないので、兄弟の女日照りに対し、天地の主宰神としては何とか手を打たなければならなかったのである。これに大地の女神ガイアも加担した。野原に大きな水仙を咲かせて少女を招き寄せたのである。

ペルセポネは泣き叫んだ。少女の嘆きの声はやがて母デメテルの耳に届いた。

デメテルは娘を求めて地上をさまよう。しかし誰も本当のことを告げてくれない。

最後に太陽神ヘリオスが真実を告げた。

「ゼウス大神のはかりごとですよ。夫君はあなたの弟さんですし、そもそも家柄に不足はないと思いますがね……」

だが、デメテルはゼウスを呪った。

「絶対に赦さない！」

デメテルはエレウシスの地に赴き、人間たちに神殿を建てさせ、中に籠った。

豊穣の女神が暗がりに閉じこもることで、世界は旱魃を迎え、飢饉が起きた。

ゼウスはさすがにまずいと思い、伝令ヘルメスを冥界につかわした。せっかくの嫁さんを実家に帰せと言われ、ハデスはムッとしたが、命令に従わないわけにいかない。

そこでハデスが思いついたのは、ペルセポネに冥界の食べ物を与えることであった。冥界の物を口にした者は冥界から出られない、そういう不文律があったのだ。

ペルセポネはふいに口に押し込まれたザクロの実をあわてて呑み込んでしまった！

デメテルは嘆いた。

結局、ゼウスが出した調停案は、ペルセポネが一年の三分の一を地下世界で暮らし、三分の二を地上で母とともに暮らすというものであった。

そのせいで、一年の三分の二はデメテルの喜びとともに地上には植物が繁茂する。そしてデメテルが嘆き暮らす三分の一の期間は、いわゆる冬枯れとなるのである。

……とまあ、なんともいきあたりばったりで無責任な話なのだが、神話がこういう調子になるのは、季節の巡りや植物の生態を神々のドラマの形で擬人的に表現したものだから、しょうがない。

冥界の食べ物を口にしたら二度と戻れなくなるというのは、『古事記』の神話でも同じである。イザナキとイザナミという夫婦神はセックスの力で島々を産んだのだが、イザナミが死んでしまう。イザナキが冥界（『古事記』では黄泉という）に行ってみると、もう奥さんは冥界の食べ物を食べてしまったあとであった……。

●死と再生のモチーフ

植物を象徴する神は女性や少女ばかりではない。

こんな神話がある。美神アプロディテと冥王妃ペルセポネがともに美少年アドニスを愛した。ここでゼウスが裁定し、アドニスは地上と地下を交替で住み分けることになった。

見てのとおり、先ほどの少女ペルセポネの神話とよく似たパターンである。この場合、アプロディテが大地母神の役割を持ち、ペルセポネは（先ほどとは逆に）冥界を代表している。そしてアドニスが死と再生を繰り返す植物神となっている。

アドニスの歴史的起源は中東にあるという。古代中東神話では、大地母神イシュタル（これはアプロディテに相当する）がタンムズという男性植物神（アドニスに相当する）を愛人として従えている。タンムズもまた毎年死と再生を繰り返す。ちなみにアドニスという名も中東で男性神への呼びかけに使われるアドン（「主」）という言葉に由来する（旧約聖書の神ヤハウェもまたユダヤ人からアドナイ（「主」）と呼ばれている）。

なお、ギリシャ神話のアドニスは狩りの最中に猪に突かれて死んだ。アドニスの血からはアネモネの花が咲き、彼の死を嘆く美神アプロディテの涙からはバラが咲いたという。

さて、季節の巡りと関係のある「死と再生」のモチーフは、植物や大地のみならず、太陽をめぐる神話も生み出している。ローマ帝国には冬至のお祭りがあったのだが、太陽が最も弱体化する冬至に人間たちがお祭りをすることで太陽神の再生を促すのだ。

これが一方では古代ローマにあった秘儀の宗教、ミトラス教の祭礼となり、他方ではやはり古代ローマで勃興したキリスト教の中に紛れ込んでクリスマスとなった。クリスマスはイエス降誕の日とされているが、イエスが一二月二五日に産まれたというのはこじつけである。

冬至の祭りらしきものは、日本神話の中にもある。太陽神アマテラスが弟スサノヲの狼藉（ろうぜき）に怒って天の洞窟に隠れ、そのあと神々のドンチャン騒ぎに応じて再び顔を出したという、岩戸隠れ、岩戸開きの神話である。

なお、洞窟に引きこもったアマテラスが機嫌を直すのに役立ったのは女神アメノウズメの卑猥（ひわい）なダンスであったが、神殿に引きこもったデメテルが機嫌を直すのに役立ったのも、侍女の語った猥談であった。パターンが似ている。

日本神話でも、ギリシャ神話でも、女神の蟄居は冬至や冬枯れを意味する。それは生命力の枯渇であるから、冬至のドンチャン騒ぎならびに卑猥ダンスや猥談の類が有効な手立てとなるのである。セックスほど生命力に満ちたものはないのだから。

●オルペウスとエウリュディケ

死からの再生に失敗した神話もある。楽人オルペウスは死んだ妻エウリュディケを冥界から奪還しようとしたが、失敗に終わった。なお、オルペウスという名は、日本ではオルフェウスとかオルフェという呼び名でよく知られている。竪琴の名人であり、彼の奏でる音楽には猛きもののふも猛獣も聞きほれたという。

神話はこう展開する。オルペウスの妻エウリュディケが、毒蛇に咬まれて死ぬ。

オルペウスは嘆き悲しみ、冥界を訪ねる。冥界の番犬ケルベロスを楽の音で黙らせ、ハデスと王妃ペルセポネの宮殿までやってくる。

ハデスは、まったくもって面白みのない神様であったが、やはりオルペウスの音楽には感動してしまった。あるいはオルペウスの談判のしように感動したのかもしれない。

オルペウスはおおよそこんな具合に言った。

「冥王様、あなたが王妃のペルセポネ様を力ずくで冥界に引き入れたのは、愛あるがゆえに他なりませんでしょう。ところで私もまた、その愛の力ではるばる冥界にやってきたのです。私は妻を愛しています。どうか妻を返して欲しい。どうせみんないつかは死にます。私も妻も遅かれ早かれハデス様の御許（みもと）に行くのですから、ちょっとの間くらいいいじゃありませんか」

日本人なら屁理屈と思うところを、ギリシャ人もローマ人も雄弁術（レトリック）として受け容れた。雄弁もまた心揺さぶる音楽であった。

というわけで、オルペウスはエウリュディケを地上に連れ戻すことを許される。

ただし、とハデスは条件をつける。

「オルペウスは地上に戻るまでの間、後ろを歩むエウリュディケを見ようとしてはならない」

ちなみにこの「見るな」の禁忌もまた、『古事記』神話の中でイザナキに課されている（彼は火を灯してイザナミを見てしまう。イザナミの姿は腐乱死体そのものであった……）。

神話の中で禁忌が語られるのは、まあ、破られるのを前提としてのことである。

案の定、オルペウスは途中で我慢しきれなくなって、後ろを振り返ってしまう。

だって本当に妻がついてきているのか、何の保証もなかったからだ。

振り返ったオルペウスは失敗したと思った。エウリュディケは本当にいた。そしてそのまま闇の中に掻き消えてしまった……。

『古事記』の話よりずっとロマンチックだが、どちらも生と死を対照する神話である。『古事記』の場合、イザナミが死を代表し、イザナキが生を代表する形になっている。オルペウス神話の場合は、冥界ならびに死そのものに、愛と音楽というまさに生命力あふれるものをぶつける話となっている。

冥界探訪譚は、生と死の対照をくっきりとさせる。この場合、死者は容易には甦らない。植物の種や季節の巡りのように循環する生死もあるが、人間の場合には、行って二度とは戻ってこないのが死の厳然たる事実なのだ。

3　光明神アポロンと死の哲学

●若さの神アポロン

哲学者プラトンの書くところでは、エジプトの老神官がアテネの政治家ソロンに「君たちギリシャ人は永遠に若者だ。老いたギリシャ人なんて存在しない」と告げたという（『ティマイオス』）。

プラトンの時代、ピラミッドが完成してからすでに二千年はたっていた。エジプトは老いたる国であった。エジプトの神官からみてギリシャ人が若者（子供？ガキ？）に見えたとしても不思議はない。

実際、ギリシャ文明とアジアの諸文明を比べたとき、前者の特質が「若さ」のエネルギーにあることも間違いではないように思われる。彼らはいつも競争することが大好きで、すっぽだかで円盤投げをしたりする古代オリンピック競技会を始めたばかりでなく、思想でも哲学でも政治でもああでもないこうでもないと議論して相手を打ち負かすことに無上の喜びを感じていたのだ。

国家だって小さな都市国家（ポリス）に分かれたまま、ずっと互いに張り合っていた。ギリシャ人の闘争精神は、今日の自然科学、哲学、民主政治等々の原形となる文化を次々と生み出した。

これは、老人支配と古い宗教的なしきたりを最重要と考えるアジアの伝統においては不可能なことであっただろう。

そんな若いギリシャ人にピッタリの神様が青年神アポロンなのである。

なによりもまずアポロンはイケメンであり、美形の彫刻がたくさん残っている。光明の神様であり、太陽とも同一視される。弓矢の術にも長けており、また、竪琴を持つ音楽の神でもある。

アポロンは単なるさわやか青年ではない。知性の神でもあり、立法方面、哲学方面の保護者でもある。さらには医療の神でもある。実にオールマイティーだ。

アポロンの神託で有名なデルポイの遺跡

哲学（フィロソフィー）というのは真理を探究する知性愛（フィロ・ソフィー）であるが、その祖ソクラテスが若者たちを集めて討論の相手をさせたというように、教育的訓練の意味合いがある。

そしてそもそもソクラテスをして独自の哲学路線を踏み歩ませる原因となったのが、アポロン神の神託(しんたく)であった。神託はアポロンの最重要の仕事なのである。

●デルポイの神託とソクラテス

哲学者ソクラテスに心酔するカイレポンという男がいた。ソクラテスにいかれていたわけだからついイカレポンと書きたくなるが、それはどうでもいい。

カイレポンはアポロン神の神託で有名なデルポイに行き、そこの巫女に「ソクラテス以上の賢者はおりますでしょうか？」と尋ねた。法悦(ほうえつ)状態の巫女が口にしたのは「ソクラテスにまさる賢者なし」という言葉であった。カイレポンは有頂天になり、師のもとへ馳せ参じる。

しかし、ソクラテスは訝しく思った。神託を馬鹿にしたのではない。古代人であるから神様を信じており、神託は有難く拝受した。だが神が自分を賢者と呼んだ理由がわからないと考えたのだ。そこのところを確かめるために、ソクラテスは賢者との評判のある者たちを訪ね歩くことにする。

しかし賢者と周りから言われ、当人もそうだと思っている指導者や政治家やらは、実際に会ってみると、あまり感心できるような者たちではなかった。少なくともソクラテスの目から見て、賢人とは名ばかりだったのである。

あれこれの知識のことを言っているのではない。どこまで深く考えているかを言っているのだ。深く考える者は、「自分は知っている」と言うことに慎重になる。ソクラテス自身は、「自分は無知だ」と思っている。しかし自称賢人たちはいとも軽々しく、知らないことについて「知っている」と口にする。

ソクラテスはこう結論する。「知らないことを知らないと知っている俺のほうが、わずかにその〝無知の知〟の分だけ〝賢い〟のかもしれない」と。それがアポロンの神託の真意だったのである（プラトン著『ソクラテスの弁明』）。

アポロンの神託が今日に至るまで有名なのは、神話というよりは哲学的逸話といった感じのこのエピソードによる。

ちなみに、ソクラテスはこんな調子で賢人たちに恥をかかせて回ったので、すっかり怨みを買ってしまった。晩年、ソクラテスは、若者たちをたぶらかした罪で訴えられる。裁判の席で、ソクラテスは自己を弁護するというよりも、「市民たちよ、恥ずかしくはないのか」という調子で弁じたものだから、さらに怨まれ、死刑を言い渡された。ソクラテスは、国家が決めたことならと言って毒杯を仰いだ。

ソクラテスは、君たちに迎合するくらいなら神につく、と言っている。彼にとって哲学的であることは、アポロンの使徒であることと等しかったようだ。

●死の神アポロン

ともあれ、古代人は神託というものを生真面目に拝聴した。神託の文言自体は――カイレポンの受けた神託の場合のように――曖昧であることが多かった。そのことを示す逸話も残っているので、今度はそれを紹介しよう。

リュディアの王クロイソスが、東方に勃興したペルシアを滅ぼそうと考える。デルポイにお伺いを立てたところ、「兵を起こしたら、一大帝国を滅ぼすであろう」とのお答えであった。一大帝国とは敵国ペルシアのことだと思ったクロイソスは、喜び勇んで兵を進めた。しかし敗北してしまった。

彼は捕らえられて、火あぶりの刑に処されそうになる。積まれた薪を見て彼は悟った。神託の「一大帝国」とはペルシア帝国のことではなく、自分自身の王国のことだったのだ！

かくも神託とは両義的で、わけがわからないものだったのである（このエピソードにはオチがついていて、クロイソスがアポロンの名を叫ぶや一天にわかにかき曇り、大粒の雨が降り出して火が消えてしまった。ペルシア王はこれに感じてクロイソスを放免して廷臣にしたのだとか)。

さて、神託の持つこの曖昧さ、不明瞭という意味での「暗さ」は、古代人にとっては宗教的に深遠な意味を持つものであった。アポロンに限ったことではないが、神々の信仰がまじめなものであるときには、たいていそこには「暗さ」があるものだ。デルポイの神託をめぐる二つのエピソードが示しているのは、人間の知には限界があるということ、どんなに賢いと思っても人間の賢さは神の叡智(えいち)にはかなわないということである。

そして人間の限界は死に直結している。ギリシャ人にとって人間とは「死すべき者」であり、「不死なる者」である神々とは真逆の存在なのだ。そのことを人間にわからせるのも神の仕事である。

というわけで、明るいギリシャ的知性を代表する光明神アポロンが、ときに死神、厄病神のような姿を見せることも、古代人はさして不思議に思わなかっただろう。

たとえばアポロンは医療の神とされ、また医神アスクレピオスの父であったが、しかしもともとの信仰では、疫病の矢を放って人々に恐慌を起こさせる神だったのである。トロイア戦争ではトロイア軍の側にたって、ギリシャ兵士を次々と疫病で殺してしまう。

イケメンの神が弓を持つ姿は貴公子然としているものの、彼の射た矢は今日でいえば病原菌のような役割を果たすのだ（彼の双子の姉妹である狩りの女神アルテミスもまた、弓矢で人間に死をもたらす）。

アポロンの明るさには影がある。それがギリシャ神話を単なるロマンチックなファンタジーではなく、死すべき身の人間をして「人生とは何ぞや？」と思わせるシリアスな宗教の世界にしている。そしてこの宗教から哲学が派生するのだ。

デルポイのアポロン神殿の入り口には「汝自身を知れ（グノーティ・サウト

ン)」の銘があったという。死すべき者として、人間は身の程を知らなければならない。これは哲学の第一原則でもある。

●恋するアポロン

と、これだけたっぷりと重々しき訓戒(くんかい)を吹き込んだ上で、若い神にふさわしい――とはいえ、やはり死に関わるものだが――恋の物語を二つばかり紹介しよう。

まず、コロニスとの恋の顛末。

王族の娘コロニスは、アポロンに愛されて医神アスクレピオスを身籠(みご)った。だが、まだ産まれる前に、ある人間の男と通じてしまった。

アポロンの伝令役をやっていた純白の鳥が二人の逢引(あいびき)の様子を見て、さっそく神に報告する。それを聞いたアポロンは激怒し、空に向かって矢を射る。矢はまっすぐ飛んでコロニスの胸に突き刺さる。たちまち血に染まったコロニスは、死に際に、「私が死を給わったのは仕方ありません。しかしお腹の中の赤ちゃんは生かしてくださいませ」と叫ぶ。

アポロンは火葬される彼女の胎(はら)から赤ん坊を取り出した。そして自らの早まった判断を促した白い鳥に怒りをぶつけ、真っ黒に変えてしまった。その時以来、その鳥、カラスはコロニスの喪に服し続けている。

ちなみにこのとき救出された赤ん坊が医神アスクレピオスである。そもそもアポロン自身に（疫病神としての性格とは裏腹に）医神としての性格があるのであった。

もう一つは美少年ヒュアキントスとの恋の顚末。

アポロンは愛童と円盤投げをやって楽しんでいたところ、やはりこの少年を愛していた西風ゼピュロスが腹いせに強風を送って、円盤を少年の頭に当てた。ヒュアキントスは血を流して死んだ。アポロンが祈るとその血からヒヤシンスが咲いた。今でもヒヤシンスの花弁にはＡＩＡＩ（嘆きの声）という文字が読み取れるのだという。

ちなみにヒュアキントスはもともと土地の植物神であったらしい（植物神が死んで花になるという、あのパターンである）。さらに、女神レトの息子とされるアポロン自身も、東方の大女神ラダ（＝レト）に従属する植物の精霊という性格を持っていたと言われる。

4　トリックスター　伝令神ヘルメスと酒神ディオニュソス

オリュンポスの神々の中でもっとも道化じみた存在といえば、伝令神ヘルメスだろう。また、狂気じみた存在といえば、酒神ディオニュソスだ。神々はふつう「正義」を代表するものだが、ヘルメスもディオニュソスも倫理的な秩序をはみ出したところを持っている。

神話の世界のヘンテコ役キャラクターのことをトリックスターと呼ぶ伝統があるので、いちおうトリックスター紹介という形で本節をまとめておこう。

●交通と情報の神ヘルメス

ギリシャ語でヘルメスと呼ばれ、ラテン語でメルクリウス（マーキュリー）と呼ばれる神様は、古典的なオリュンポス神話の世界では、アポロンよりも若い、ティーンのお兄ちゃんといった感じの神様である。

まず、なんといっても足が速く、動作が機敏である。だからゼウス大神の伝令役を務めている。絵や彫刻では、翼の生えたペタソス（旅行用の帽子）をかぶり、翼の生えたサンダルを履いている。そして二匹のヘビがぐるぐると巻いた（そしてしばしば翼もついている）杖を持っているが、これが伝令であることの象徴となっている（ちなみにヘルメスの伝令杖と医神アスクレピオスの象徴であるヘビが一匹巻き付いている杖とは別物である。ＷＨＯの旗に描かれているのは後者）。

ヘルメスの主な仕事は、伝令の他、道路や旅人の守護、商売人、泥棒、博徒の守護であるが、さらに知恵の神様ともされ、文字や数字をつくり、竪琴などの楽器を発明し、音楽や天文までも司るといったようにオールマイティー化されている。アポロンが重々しい神託を行なうのに対して、ヘルメスの特徴は実用的な点であり、交通・通信・情報系の神様といった感じで、今ならきっとパソコンやネットの神様になっていたに違いない。

面白いのは、まっとうな商売も守護するが、泥棒も守護する点である。商売人も泥棒も道を行き来するのが生業だから、いっしょくたになるのかもしれない。古代では商売と泥棒は紙一重なところがあった。ヘルメスが守護するのは暴力的な悪漢ではなく、もっぱら知能犯だ。情報系の神様なんだから、現代ならきっとまっとうなデータや科学説と並んでフェイクニュースや偽科学も守護することであろう。

そうそう、ヘルメスにはもう一つ大事な仕事がある。死んだ人の霊を無事冥界までガイドする役目だ。死神ではない。あくまで親切な道案内人として死期が訪れた人のおつむに伝令杖をこつんと当てて眠らせ、死の世界に導く。その場合のヘルメス神をヘルメス・プシュコポンポス（魂の案内者ヘルメス）と呼ぶ。

後世、ヘルメスから派生して、ヘルメス・トリスメギストス（三倍偉大なヘルメス）なる仙人的な存在が崇められるようになった。これは知の神ヘルメスと、エジプトの知の神トトと、ヘルメスという名の錬金術師が合体してできた伝説的人物（？　神様？）である。

ヘルメスはローマ神話では、メルクリウスすなわちマーキュリーということになるが、英語のマーキュリーには水銀という意味と水星という意味がある。水銀は金属なのに液体だという奇妙な物質であり、変幻自在なヘルメスのイメージにピッタリだ。また、水星がマーキュリーと呼ばれるようになったのは、太陽に近いこの星の公転速度がくるくるとせわしないことがわかったからである。

後世の話が出たから、ヘルメスの歴史的起源の話もしておこう。この多才な神様の起源の一つとして、ヘルマなるものがある。これは道端などに置かれる石の柱のようなもので、上部に人間の頭が彫られ、柱の正面に勃起した陽物がついている、豊穣の精霊像である。日本でいえばさしずめ道祖神だ（道祖神もまたしばしば男根の形をしている）。こういうものが田園のあちこちにあって民俗宗教をなしていた。このヘルマは道端のどこにでもあるから、道路の守護者となり、旅人の保護者へと発展していったものらしい。

●ヘルメスの神話

かように複雑な神であるが、神話の世界ではあまりパッとしない。パシリか便利屋さんとしてちょこっと出てくるような場合が多い。いずれにせよ、威厳よりも親しみのほうが先にたつ存在である。親切な兄ちゃんであることは間違いない。

ヘルメスの神話で一番面白いのは、赤ん坊のときのエピソードである。

産まれたばかりのヘルメスはすぐにトコトコと歩き出し、そのままアポロンの牛舎まで行って牛を五〇頭ほど盗んだ。怪童である。アポロンはすぐに気づき、弟に白状しろと迫るが、ヘルメスは知らぬ存ぜぬの一点張り。

とうとうゼウスが裁定に現われた。若い息子の頭脳の回転と嘘つきぶりに気を良くしたゼウスは、彼を自分の伝令に任じた。

なお、このとき赤ん坊ヘルメスは亀の甲羅に牛の腸の筋を張って、竪琴を発明したともされる。アポロンは牛泥棒を赦すかわりに竪琴を手に入れた。ヘルメスはさらに葦笛も作った。アポロンは黄金の杖をヘルメスに与えて、葦笛も手に入れた。アポロンは音楽の神だが、楽器は弟からもらったものだ。一方ヘルメスはアポロンから占いの術を教わっている。

●酒と狂気と演劇の神ディオニュソス

ディオニュソスはバッコスとも呼ばれる。このバッコスがラテン語でバックスになり、それを英語読みしたのがバッカスだと、呼び方だけでもややこしい。

この若い神は、まずは端的にブドウとワインの神である。そしてギリシャ悲劇とギリシャ喜劇の淵源となった御神楽の神でもある。彼の神話には忘我状態で山野を駆け巡る狂信的な女たちが登場する。ディオニュソスは酒のあるなしにかかわらぬ、狂気に君臨する神様でもあるのだ。哲学者のニーチェがアポロンとディオニュソスを対比したのは有名である。光明神アポロンが物静かな知的内省の象

酒神ディオニュソス

徴であるのに対して、ディオニュソスは激情型精神の化身だ。

信者たちの狂乱を描く神話を見てみよう。

ある国で女たちが「ええじゃないか」状態で山野を踊り歩くようになった。王ペンテウスはこれを苦々しく思ったが、母のアガウエまでがその狂乱に参加するようになった。女たちを監禁しても、鍵が外れてみな逃げ出してしまう。女たちはアガウエを先頭にして踊り狂い、牛を素手で引き裂いて喰らう。

このとき、王宮に少年のような神――ディオニュソス――が現われ、王に女たちの狂乱をつぶさに見るように促す。王は高い木に登って様子を窺う。そこに神の声が鳴り響き、狂女たちを焚きつけ、王を襲わせる。アガウエはじめ女たちは王の潜む高木を引き倒し、猛獣のように王を引き裂く。

女たちは獲物を担いで町に凱旋する。アガウエは王宮に戻ったところで我に返り、自らが惨殺したのが息子であったことに気づく……。

ブドウやワインの神が酒の酩酊のイメージを媒介して「秩序からの解放」の象

徴のようになり、女性たちや奴隷たちの支持を集めたものらしい。

狂乱の物語は、あくまで、情念の抑圧がどんな爆発を生むのかをドラマティックに描いたものであろうが、市民的理性とそのカウンターカルチャーとしての狂乱の構図が、ディオニュソスを怪しげな神の姿として固定化したのだろう。

ディオニュソスはもともと顎鬚の生えた大人として描かれていた。やがて思春期頃の華奢な少年のイメージに変わった。紅潮してしなやかに酔えるが如き振舞いは、やや女っぽい。頭にはブドウの蔓の冠をかぶっている。

古代の皿絵に、船に神が横たわり、マストを覆うようにしてブドウの蔓が広がり、海にはイルカが満ちている絵があるが、これは次の神話のシーンであるらしい。

ディオニュソスを見た海賊たちが、彼を貴族の若者と考え、身代金目当てにさらう。ところが彼には縄がどうしてもかからない。舵取りの男は若者が神であることに気づき、船乗りたちに解放を勧めるが、誰も本気にしなかった。

すると、船じゅうにブドウの蔓が生えだし、帆柱を覆い出す。やがてディオニュソスは獅子の姿に変わり、船乗りたちに向かって吠える。みな海に飛び込む。……と、彼らはみなイルカになってしまった。

ただ先ほどの舵取りの男だけが、人間の姿のままで陸地に戻ることができたのであった。

●トリックスター

神話の世界には、無秩序、デタラメ、詐欺など、表社会にとってよからぬ行動を平気で行なう神様や英雄がいる。そういう存在はトリックスターと呼ばれる。

英語 trickster は詐欺師、ペテン師を意味するが、神話の場合、自覚的な詐欺師であるとは限らない。無意識に馬鹿をやってしまう道化のような場合もある。

いずれにせよ、そうした存在は、人間と社会にとってプラスの効能を持つ文化英雄となっているのが普通だ。

ヘルメスやディオニュソスは、それぞれなりにトリックスター的なところを持っている。赤ん坊のときのヘルメスは大人を前に白々と嘘をつく怪童であるし、酒神ディオニュソスは狂乱を通じて社会のガス抜きをする神様だ。

トリックスター的と言われている存在としては、ギリシャ神話では他に、ゼウスを騙して人間のために火を手に入れたプロメテウスがいる（第2章で取り上げる）。

他の世界の神話では、北欧神話のロキ（一種の道化だが、世界の終末を招く邪悪性もめだつ）、インド神話のクリシュナ（少年時代に他の神から信者を奪ったり、牧女たちの着物を隠して自分を拝ませるなどの悪戯を行なう）、中国説話の孫悟空（お馬鹿さんだが三蔵法師のガード役を無事にこなす）などがいる。いずれも神話世界の人気者である。

第2章

世界の始まりと人類の始まり

ギリシャの神々はオリュンポスのゼウス一家ばかりではない。ローカルでマイナーな神々が大勢いる。さらに、ゼウスが王権を確立する以前に世界を支配していた古い神々——概ね巨神的な存在——がいる。

そもそも天地の始まりはどのようなものだったのだろうか？　聖書の神は自前で世界を創出したが、ゼウスはそういう仕事はやっていない。天地創造からゼウスの世界制覇までにどのようないきさつがあったのだろう？　本章ではこのあたりを見ていきたい。

本章には旧世代の主神たち以外にも色々な神にご登場を願おう。1章で詳しく説明しなかった美神アプロディテ、後世キューピッドとして生き残った愛神エロス、地球を指す言葉として有名になったガイア——大地の女神——、人間に火を与えた文化英雄神プロメテウス、さらに世界中の災厄が詰まった箱を開けてしまった少女パンドラなども登場する。

1　ゼウスはいかに権力を確立したか

●天地の始まり

始めにカオスありき。

ヘロドトスの『神統記』の記すところでは、最初の存在はカオスであり、そのあと色々なものが生じている。だが、ここで、「なるほど、混沌(カオス)の中から秩序(コスモス)が生まれたのか」と思うのは、どうやら早とちりであるようだ。ここでのカオスは混沌の意味ではない。

ギリシャ創世神話のカオスはカラッポを意味する。英語 chasm はクレバスのような割れ目を指すが、chaos はそのようなぱっくりと空いた空虚を指す。

というわけで、宇宙史の出発点にあったのはカラッポであった。まあ、一種の無からの創造だ。ただし、世界の外にいる絶対神のようなものが無から有への創造を行なったのではない。自ずから自然物が誕生し始めたのである。

最初に現われたのは大地である。ギリシャ語でガイア。そしてこのガイアは女性名詞なので女神ということになった。ガイアはゲーとも言うが、geology（地質学）や geography（地理学）に含まれている ge- はこれに由来する。

大地の底にあるタルタロス（どん底）もまた生まれた。このどん底はキリスト教などの地獄とは異なり、懲罰の監獄ではない。また、ハデスのいわゆる冥界とも違う。ただ、地下のとんでもない深くにある暗闇というだけだ。男性名詞であるから、男の神様ということになる。

●天と地の結婚

さて、ここで一つ異質なものが生まれる。抽象的な力かエネルギー、あるいは作用のようなものだ。その作用とは、エロス（愛）である。単なる色恋沙汰としてのエロスよりも、もっと抽象度の高い概念である。物と物を結びつける原理と言ったらいいだろうか。物と物を結びつけるから、もちろん恋人同士も結びつける。

で、このエロスはやはり男性名詞だったので、男の神様ということになる。ギリシャ人のイメージでは美少年だ。神話の世界は自然物が擬人化される世界であるから、大地とか奈落とか天のような自然物も、この若い縁結びの神エロスの働きでセックスの衝動を覚えて、相互に交わって新たな何物かを生み出すことになる。

さて、ガイアはまず単性生殖で男神ウラノスを産む。ガイアが普通名詞の「大地」であるように、ウラノスは普通名詞の「天空」である。そしてガイアとウラノスは、今度はエロスの働きによって、有性生殖で（つまり近親相姦で！）、神々を産み出していく。

産まれた神々の名は、クロノス（豊穣神らしい）、レア（大地母神のようだ）、オケアノス（世界の外周にあるという水の神格化）、イアペトス（後世古臭い老人の代名詞となった男神）、テミス（掟の女神）、ムネモシュネ（記憶の女神）などなどである。

これら兄弟姉妹をまとめてティタンと呼ぶ（英語読みはタイタン）。巨人的な大きさの神々だったらしいが、巨船タイタニック号の名前のもとである。ちなみにタイタニック号の姉妹船がオリンピック号で、このオリンピックとはオリュンポスに由来する。

●ウラノス時代からクロノス時代へ

ウラノスは天空神なのだから、大地よりあとから産まれたとはいえ、最高神的な位置にあることになる。なにせ古代社会は男尊女卑的な家父長支配だったのだから、そうなるのがお約束だ。そして彼の子供たちティタンのうちの男性神は、どうしても帝王たる父の位を狙う位置にあることになる。実際、父の権力は息子クロノスによって奪われた。

権力の交代①

第一世代ウラノス　↓　第二世代クロノス（ティタン神族）

この世代交代のいきさつを述べるとしよう。

クロノスたちの母である女神ガイアは、次に恐ろしい怪物を産み出す。額の真ん中のただ一つの丸い目を持つキュクロプス（「丸い目」）という巨人（巨神というべき？）が三体、五〇の頭と一〇〇の腕を持つヘカトンケイル（「百の手」）という巨人が三体だ。

ウラノスは妻の産んだ怪物たちを疎んじて、大地のどん底のタルタロスに押し込んでしまう。しかし、母親ガイアは「なんということをしてくれたのです！」

と怒りの声を上げる。どうやら、秩序やタテマエを好む天の神が怪物めいたものを嫌うのに対して、大地は清いも穢いもなくすべてを受け入れるということらしい。あるいはもっと単純に受け取れば、母親にとって我が子はどれもかわいいということだろう。

ガイアは巨大な鎌を持ち出し、息子たちに「あなたたちのお父さんにこれで復讐してちょうだい」とけしかける。みなが尻込みする中、「僕がやります！」と言ったのは、長男ではなく末っ子のクロノスであった。

旧約聖書でも古事記などでもそうだが、頭角を現わすのは兄弟の中でも下のほうと決まっている（たとえば兄神たちの荷物持ちをやらされていたオオナムヂの神が将来地上の帝王「大国主」となった）。

で、クロノスがどうやって父をやっつけたかというと……ウラノスが妻のガイアにセックスを挑んだとき、母の傍らで身を潜めていたクロノスがさっと躍り出て、例の鎌で父の陽物（ようぶつ）をちょん切ってしまったのだ。

で、まあ、男のシンボルを失うことでウラノスは権威を失い――あからさまに権力の本質を描いている?――、クロノス世代すなわちティタンたちの時代がやってきたのである。

なお、ギリシャ神話の政権交代ドラマは東方の現トルコ地域に古代に住んでいたヒッタイト人の神話の影響を受けていると言われる。ヒッタイト・バージョンでは挑戦者が権力者のちんちんを噛みちぎっている。確かに似ているし、いっそうワイルドだ。

●クロノス時代からゼウス時代へ

さて、クロノスは姉のレアと結ばれて、次々と子供をつくる。

第三世代の顔ぶれは、女神ヘスティア、ヘラ、デメテルと男神ハデス、ポセイドン、ゼウスである。そしてこの末っ子のゼウスが、再び「父の権力を奪う息子」の役を果たすことになる。

権力の交代②　第二世代クロノス　↓　第三世代ゼウス
（ティタン神族）　（オリュンポス神族）

今度はどういういきさつであったか？

自ら父の権力を奪ったクロノスは、自分の子供に同じ目にあわされることを恐れて、赤ん坊が産まれるたびに果物のようにぽんぽんと呑み込んで腹の中に収めた。そしてこれが妻レアの恨みを買うことになる。彼女はゼウスが産まれたとき、この男の赤ん坊をクレタ島にかくまい、夫には産着でくるんだ岩を渡したのであった。クロノスは岩を一呑みして、事は片付いたと思った。

ゼウスはクレタ島ですくすくと育ち、一人前の男になった。知恵の女神メティスがゼウスに協力し、クロノスに薬を飲ませて腹の中の者たちを吐かせる。飛び出してきた兄たち姉たちは、ゼウスを統領としオリュンポスを拠点として、父クロノスに反旗を翻した。

戦いは長く続くが、なかなか決着がつかない。すると今度はお婆さんガイアがゼウスの味方をし、「奈落に落とされた怪物たちを救い出して、協力を求めるがよい」と知恵を授けた。ゼウスはキュクロプスとヘカトンケイルを救出した。するとキュクロプスがお礼に、雷電の力をゼウスに与えた。パワー満載となったゼウスが雷電でクロノスたちに全集中で一発お見舞いすると、敵どもはふらふらとなる。そこにヘカトンケイルたちが岩をどしどしと投げつけた。

かくしてゼウス世代とクロノス世代との大戦争——ティタン戦争（ティタノマキア）——は、ゼウス大勝利のうちに終結したのであった。

これでゼウスの時代が訪れるわけだが、実はこのあともう少しすったもんだが続いた。というのは、ゼウスがティタンたちをタルタロスに閉じ込めると、ガイアがまたしても怒り出し、巨神ども（ギガンテス）をぼこぼこ産み出したのだ。

巨神戦争(ギガントマキア)もまた紆余曲折に満ちているのだが、面倒なのですべて省いてしまおう。

ともあれ、ゼウスは最終的に勝利を収めた。かくして本書の第1章で紹介したオリュンポスの秩序が出来上がった。

●ゼウスの子供たちは草食系？

なお、やがてゼウスは子供たちに権力を奪われるのではないかとご心配の向きがあるかもしれない。だが、実際のところ、軍神アレスも、どんな兵器でも生み出せそうなヘパイストスも、人気一番のアポロンも、父親にはいたって従順である。新世代はみんな草食系男子になってしまったのだろうか？

ギリシャ人は現在の地に定住する以前から天空の父なる神をゼウスと呼んできた。権力交替ドラマはあとからの思いつきで、ヒッタイト神話などを参考につくったものだ。他方、あれこれ増殖した神々をゼウスの子供たちとして整理した。

というわけで、波乱万丈の政権交代ドラマとゼウス一家の家族ドラマは、それぞれ別の番組として成立したわけである。同じNHKでも朝ドラのキャラたちは大河ドラマの真似をする必要はないのだ。

また、こういうこともあるかもしれない。「天空」を意味するウラノスは名目上の最高権威を表わす。クロノスは力でのし上がることで、権力者としての実力を象徴する。三番目に来るゼウスは、名目上の権威と実際的な権力を併せもつことができる。ドラマとしては三段階構成が据わりはいい。一種の弁証法だ。四番目は余計なのである。

2　比較——世界各地の創世神話

神話の楽しみ方の一つは、世界の様々な神話の比較にある。似ていたら似ていたで面白いし、違っていたら違っていたで面白い。

というわけで、ここですこし寄り道して、世界各地の創世神話に目を通すことにしよう。取り上げるのは、ユダヤ（旧約聖書）、インド、中国、日本、北欧の天地開闢神話である。ギリシャ神話のカオスからの創世のドラマは、神が「光あれ！」と言って天地を創る旧約聖書のドラマほど有名ではないが、世界各地の神話の中に位置づけることで、意味深いものに見えてくるかもしれない。

●ユダヤの創世神話——創世記

創世記は旧約聖書に含まれる神話の書である。絶対神ヤハウェによる天地創造、人祖アダムとイヴの失楽園、ノアの洪水、バベルの塔、ユダヤ民族の父祖とされる族長アブラハムの物語などが書かれている。なお、旧約聖書とはユダヤ人の宗教であるユダヤ教と、このユダヤ教から二千年前に派生したキリスト教の、共通教典である。

ユダヤ教は紀元前からあるかなり古い宗教だ。ユダヤ民族は中東世界の無数の神々の中からヤハウェという神を選び出して自分たちの民族神としていた。その時点ではあくまで中東系の多神教の一派だったのだが、紀元前六世紀頃にユダヤ人はヤハウェを「唯一絶対で、全知全能で、天地と生命と人類を創り出した神」へと格上げした。そして創世記という書を編んで、巻頭に天地開闢神話を記載した。

その書き出しはこうなっている（聖書協会共同訳、（　）内の原語は中村が補った）。

初めに神は天と地を創造された。地は混沌（トフ・ヴァ・ヴォフ）として、闇が深淵（テホム）の面にあり、神の霊が水の面を動いていた。神は言われた。「光あれ」。すると光があった。神は光を見て良しとされた。（創世記一章冒頭）

ギリシャ創世神話のカオスは混沌ではなくて、カラッポの意味であった。しかし創世記のトフ・ヴァ・ヴォフは文字通り混沌の意味であるようだ。つまり、最初になんだか知らないがゴニョゴニョした混乱状態があり、それを材料にして神様は天地を造ったのであるらしい。どうやら上下の方向というのも最初からあったらしく、下のほうに水が溜まっていたことになっている。

深淵と訳されているテホムは、バビロニア神話のティアマトに関係があると言われる。ティアマトは原初の塩水（海）の女神で、この女神をバビロニアの神マルドゥクが真っ二つに切って体の半分を天に、体の半分を地にする。創世記の神も、天地創造二日目に、原初の海水を真っ二つに分け、大空を挟んで上下の水の塊を創出している。下の水の塊はすなわち海であり、そこに大地も登場する。上の水の塊はすなわち天空の貯水槽であり、雨が降るのはこれがあるせいだ。

なんだか複雑なプロセスだが、要するに神様は原材料の海を加工することで世界を生み出しているのである（その世界に生えた毛のようなのが植物で、その植物を餌にして生きるのが動物で、動物の統領が人間だというイメージである）。

ギリシャ神話の場合、カオス（空虚）、ガイア（大地）、タルタロス（大地の奥底）、エロス（愛）が自動的に生まれたあとで、大地ガイアがウラノスすなわち天を産む。創世記でもギリシャ神話でも、いきなり「天」「地」が生まれるのではなくて、少々煩雑な手続きになっているのが面白い。

ちなみに、創世記の天の上には貯水槽があって、海と合わせて水圏が二重になっているが、ギリシャ神話ではガイアの下にタルタロスがあって大地が二重底になっている。

●インドの創世神話

インドには紀元前二千年紀に生まれたリグ・ヴェーダという神話集があるが、そこには複数の創世神話が並立して書かれている。様々な説を並べて収録したという感じだ。

ある説では、呪術神ブラフマナスパティが鍛冶屋として何もないところからトンテンカントンテンカンと万物を鍛え出した。何もないのにどうやって鍛えるのか不明だし、そもそもブラフマナスパティや鍛冶の道具はどこからやってきたのかという疑問がわく（その点では聖書の神も同じである。天地創造の神を創造したのはいったい誰か？）。

別の説では、原初の水の中にヒラニアガルバ（黄金の胎児）という神が自ずから生じたという。どうもこの神が成長することで宇宙そのものとなったらしい。原初の水というのはティアマトやテホムのようなものだろうか？

また別の説では、最初から宇宙は巨人プルシャとして存在していた。手も足も頭も千あるというお化けのような神様だ。このプルシャが生贄になって、ばらばらになった四諦から宇宙の様々なものが生まれた。なお、生贄というのは動物を解体する儀式だが、それを行なった神々がいるらしい。最初からプルシャはいたのだから、最初から神がいたっておかしくはないのかもしれない。

なお、プルシャの体のうち、口から僧侶階級が、腕から王族が、脚から庶民が、足から奴隷が生まれたと言われている。インドのカースト制度を正当化する神話だ。

さらに別の説では、有るとも無いともいえない何かが自らの意欲で現象界を現出した。そんないきさつを誰が見ていたのかはわからないと、正直に言っている。

●中国と北欧の創世神話

中国神話と北欧神話はまるで関係のない神話だが、どちらも巨人の身体から山や川が生まれたとされている点で共通している。つまり、インドのプルシャの神話と同型だ。中国では原初の巨人は盤古（ばんこ）と呼ばれる。彼は次第に成長し、天と地が開いていく。そして死後は自然そのものになっていくのである。北欧の原初の巨人はユミルと呼ばれ、こちらは殺害ののち解体されている。

なお、北欧神話では、最初にあったのは空虚だったと言っている。ギリシャ神話のカオスのようなものだが、どうもクレバスのような割れ目のイメージらしい。名付けてギンヌンガ・ガップ。この巨大なガップ（ギャップ）の北側に氷と霜の世界があり、南側に炎の世界があったというのだから、空虚以前に大地があったようにも思われる。

冷熱の二世界から噴き出す風が空虚の上でぶつかって滴を生み、その滴から巨人ユミルが生まれる。滴からは巨大な牛も生まれ、ユミルはその乳を飲んで暮らす。他方、牛はギャップの腋の岩を舐めて、そこにコケのようなものを生えさせ、そのコケ状のものが原初の神々を生む。そこからさらに主神オーディンが生まれたとされる。そして神々はユミルを殺戮するのである。血が海と広がる中、肉は大地となり、骨が岩山となり、脳味噌はプカプカ浮かんで雲となった。

なんだか殺伐とした神話だ。さすがはヴァイキングの神話である（寒さと熱さの衝突から水滴が落ちるあたりは、北国の家の壁の結露を思い出させておかしい）。

なお、北欧の中でもフィンランドはスウェーデンなど他の北欧諸国とは言語的に別系統であり、神話もまったく異なる。そのフィンランドの神話――カレワラ――では、ワイナミョイネンという男神がマジナイを唱えて卵から世界を生み出す。別バージョンでは処女の神が卵を温めて孵している。

ちなみに、神が卵を温めて孵るのを待つというモチーフは、実は聖書の中にも潜伏していると言われる。先の創世記からの引用の中に「神の霊が水の面を動いていた」とあるが、この「動いていた（メラヘフェト）」は、卵を温めるニワトリが翼をバタバタさせるというイメージなのだそうである。

●日本の創世神話——古事記

日本の古事記の創世神話はこうなっている。世界の始まりは、形も名前もわからないような状態であった。そこにアメノミナカヌシ（天之御中主）の神が出現する。どうも実体のはっきりしない神で、名前のとおり「天の中心」という抽象概念以上のものではないかもしれない。この神に次いで、タカミムスヒとカムムスヒという二種のムスヒ（産す霊）の神が出現する。これは物や生命を生成する、生み出し育む霊力のようなものを意味する。

このあと、何世代か抽象的な神々が続くのだが、途中から男女神がペアを組んで産まれるようになる。そしてよく知られたイザナキ、イザナミの両神が登場する。この二柱の神の出現によって、今度はセックスを原理として国土や神々が産み出されることになる。日本列島の島々はイザナキとイザナミの子供たちなのである。

海外については何も言及がないし、意識していなかったらしい。ただし、陰陽二元の中で世界が生成していくというビジョンは、明らかに中国思想の影響を受けている。

●天地開闢神話の難問

以上見てきたのが天地開闢神話の全パターンというわけではないが、無から始まるもの、原材料があってそれを加工するもの、卵から産まれるもの、原初の巨人のような生き物を解体するもの、原初の水から生まれるもの、生成力や愛の力のようなものが作用するもの、神々が儀式や呪術を用いるもの、一人の神の意志で生み出すもの、と色々ある。

どのようなパターンを採用するにしても、世界そのものの起源を語るのは困難を極める。最初に材料のようなものがあったのなら、その材料はどこから来たのかという疑問がわくだろう。最初から神や神々がいたのなら、その神や神々はどこから来たのかということになる。神は自らじねんと生まれることができるというのであれば、そもそも宇宙それ自体がじねんと生まれればいいのであって、誰かに創ってもらう必要はない。

古代人の苦労のほどがうかがわれたところで、再びギリシャ神話に戻るとしよう。

3　人類の五世代と文化の神プロメテウス

●退化の歴史

現代人は未来に向かって文明が発展していくという進歩史観を持っているし、実際、科学技術でも福祉でも長期的に進歩の歴史が続いている。

古代や中世ではそうではなかった。どちらかというと退歩史観のほうが優勢だっただろう。実際、古代にはしょっちゅう都市文明が滅んでいた。戦争のためもあるし、森林伐採などの自然破壊で滅ぶことも多かった。

ギリシャの地でも、我々の知るギリシャ文明に先行してエーゲ文明なるものがあり、そして滅んでいった。クレタ島には巨大な宮殿の遺構が遺された。それは迷宮ラビュリントスの神話を生んだ。海の向こうにはシリアにもエジプトにも老いたる文明があった。

そんなわけからであろうか、前八世紀の詩人ヘシオドスは、人類史を黄金時代から現在の鉄の時代まで退歩していく歴史として語った。のちの時代に哲学者プラトン（前五～四世紀）がアトランティスの滅亡を語ったのも、同様の意識に基づく。海中に沈んだアトランティスは極めて高度な文明を築いていた。現今のギリシャ文明はその残照に過ぎないのである（ちなみにアトランティス伝説はプラトンがこしらえた与太話である）。

●人類史の五つの時代

ヘシオドスの詩編『仕事と日』によれば……。

オリュンポスにゼウスが君臨する以前の時代のことである。クロノスをボスに戴く神々は人間を黄金の種族として創造した。黄金の種族と言っても、体が仏像のように金ぴかだったという意味ではない。苦労も悲嘆も知らない輝かしい種族だったという意味である。

彼らは老いるということを知らず、毎日毎日が元気いっぱいであった。自然界もまた若々しいエネルギーに満ちており、人間はあふれんばかりの自然の実りを享受できた。それでも畑仕事をたしなんだものらしい。遊び半分の幸福な労働だ。

彼らは死の瞬間まで充実した生を送り、そのときが来ると眠るように死んでいった。死の予兆もなしに世を去るのはなんだか残酷であるような気もするが、それはいいとしよう。

ともあれ、こんなすばらしい種族ではあったが、結局彼らは種族全体が地上から姿を消した。もっとも、完全に消えたわけではなく、今でも精霊として後代の人間たちの守護を行なっていると言われる。拝めばきっといいことがあるに違いない。

第二に現われたのは白銀の種族である。それは黄金族よりはるかにみすぼらしい種族であったが、それでも現在の我々よりもはるかに優れていたという。

彼らは産まれてから百年間は子供のままであった。お母さんのもとで幸せな幼年時代を送ることができたが、なぜかティーンを経てアダルトに向かうにつれて、不幸になっていく。それも身から出た錆で、自らの無分別のためなのだ。彼らは神々に生贄を捧げることをはしょるようになり、自分たち同士でも暴力をふるい合う。どうもこのあたり、反抗期から青年期にかけての荒れた青春時代を批判的に描いたもののように感じられる。ヘシオドスは無分別な若者が嫌いだったのだろう。

暴力を好む白銀の世代は、互いを傷つけ合うものだから黄金族より短命であった。あまつさえ、神ゼウスは——この時代にはクロノスからゼウスに代替わりしていたらしい——白銀族を地上から一掃することを決意する。やはり神々への付け届けは省かないほうがよろしいらしい。地上から消えた白銀世代は地下の精霊としてほどほどの生を今も享受しているとのことである。

さて、ゼウスは第三の種族、青銅の種族をこしらえる。白銀族よりもっと劣る種族で、軍神アレスの申し子のごとく、戦争ばかりやっている。肉体的には頑健であった。帯びている武器も畑仕事の道具も住居までもが青銅製だったというから、いわゆる考古学でいう青銅器時代に相当する文明段階にあったのだろう。

このブロンズ世代も、戦争に明け暮れた末、地下の冥界に去って行った。

次にゼウスがこしらえた種族は、これだけ変則的に金属の名で呼ばれず、「英雄」と呼ばれている。これはトロイア戦争を戦った世代である。どうやら前代の青銅族より心根は良いらしく、英雄らしい武士道に則って行動していた。そのため、少なくともその一部の者は、滅んだのちも西方の極楽浄土である「至福者の島々（マカローン・ネーソイ）」なる楽園で暮らす資格を持つ。

英雄世代にかわって登場したのが現今の世代、黒鉄（くろがね）の種族である。要するに鉄器を持って一生汗水流して暮らさなければならない、地味にして幸せ薄き現代人である。このあたりのヘシオドスはひどく説教調かつ慨嘆（がいたん）調だ。黒鉄の時代、子は父を敬わず、朋友は相協力することもなく、兄弟同士でもいがみ合う、もはや廉恥の女神も義憤の女神も人間には期待しないだろう！　ヘシオドスの曰く、こんな悪を正義の神ゼウスが放っておくはずがない。正義を実現せよ。そのためには地道な日々の労働だ！

実はヘシオドスは、無頼漢の弟に説教するためにこの詩『仕事と日』を書いたのだそうだ。五段階にわたる堕落の人類史も、性悪な弟をいさめるための道具立てなのであった。

●プロメテウスの火

かように人間は段階的に衰微してきたわけだが、逆に言うと初期の人類は——不死ではないとはいえ——かなり神々に近かった。あるときゼウスは種族的に劣化してきた人間にはっきりと「神より格下である」ことを教えようと試みた。そこでゼウスに負けたクロノス世代の神々（ティタン）に属する神プロメテウスを呼びつけ、何か工夫するように命じた。

プロメテウスという名は「先見」を意味する。それだけに予見する能力に恵まれ、ティタン戦争では自分たちの世代が負けることを予見して、ゼウス側についていた。とはいえ、彼にとってゼウスが生意気なこわっぱであることには変わりない。そこで彼は、ゼウスよりも人間のほうに味方しようと心を決め、次のようなお膳立てをした。

生贄となるべき牛を解体し、肉や内臓をゴワゴワに硬い胃袋の中に詰め、骨をうまそうな脂肪でくるむ。さて、この二つのうちどちらが神々の取り分でどちらが人間の取り分となるか、本日取り決めた約束を永遠に人間に守らせましょうとゼウスに持ちかける。

で、ゼウスはまんまと見かけに騙されて、まずそうな胃袋ではなく、うまそうな脂肪の塊を選んだ——つまりゼウスは肉を選ばず骨を選んだのである。そのため、人間は神々に生贄を捧げるたびに、自分たちではおいしい肉を食べ、神々には骨だけでよいという、有難い取り分を得たのであった。

　この話にはオチがついている。ゼウス大神がこんなペテンに騙されるわけもなく、プロメテウスの目論見に気づきながら、なお骨のほうを選んだのであると。というのは肉は朽ちるものだが骨は朽ちないものだからである。だからやっぱり死すべき人間は朽ちるべきものを食い、不死の神は不死なるものを食うことになるのである。

　ちなみにこの手の物語パターンは他世界の神話にも見受けられる。たとえばアマテラスの子孫で天皇家の先祖となるニニギの命（みこと）はコノハナサクヤ姫と結婚したが、その姉であるイハナガ姫のほうは容姿が「ごつい」というので実家に送り返してしまった。しかし美しいコノハナサクヤ姫は要するに花の化身であって、繁栄の象徴ではあっても、はかない存在である。イハナガ姫は盤石の岩の化身だ。だから当然ゴツイのだが、もしニニギが彼女と結婚していたら、のちのち天皇家の寿命は短くならなくてもすんだのだ（初期の神武天皇は古事記によれば一三七

人類に火を与えた文化の神プロメテウス

歳まで生きたが、代が下ると普通の人間並みの寿命に落ち着いている。ちなみに創世記の登場キャラクターも何百年もの命を持ち、後代ほど短命になっていく。これもまた退化史観だろう）。

ゼウスvsプロメテウスの話に戻ると、ゼウスはプロメテウスへのあてつけとして人間から火を取り上げてしまう。しかしプロメテウスは火を再び天界から盗み取り、人間に与える。ヘパイストスの鍛冶場から盗んだとも、太陽神ヘリオスから盗んだとも言われる。

かくしてプロメテウスは人間にとっての恩人のような存在となった。人間に文明の火の恩恵をもたらした文化英雄としての神様なのである。

●デウカリオンの洪水

五段階の人間退化の神話には、洪水神話も付随している。三番目の青銅の種族の滅亡の原因は洪水だとされている。これは創世記の「ノアの洪水」神話に相当するエピソードだ。

「ノアの洪水」では義人ノアとその一族が神から箱舟の作り方を教わって、洪水の難を免れる。ギリシャ神話の洪水でノアに相当する人物はデウカリオンだ。彼に箱舟を造らせたのはゼウスではなく、やはり人間の守護神プロメテウスであった。

聖書の洪水は半年くらい続いたが、デウカリオンの洪水では九日間だ。ノアの箱舟がひっかかった山はトルコ東部アララットの山岳地帯だったとされるが、デウカリオンの箱舟の到着先はギリシャ中部のパルナッソス山であった。

また、創世記ではノアの家族——息子が三人いる——が新たな人類の祖先となった。デウカリオンの洪水では、ゼウスのお告げに従ってデウカリオンと妻が石を背後に投げ、それぞれの石から人間が生まれたのであった。ゼウスは「母の骨を背後に投げよ」と告げたのだが、大地こそ母であり、石こそ母の骨だとデウカリオンが読み解いたのである。

創世記の洪水神話とギリシャの洪水神話は互いによく似ているが、少なくとも創世記の神話はバビロニアの神話からの変形である。いずれにおいても箱舟が出てくる。なお、インドにも洪水神話があり、主人公の人間が舟で助かっている。

世界各地に洪水神話があるからといって、実際に地球規模の洪水があったわけではない。水際で農業をやって暮らす人間たちはしょっちゅう洪水に悩まされていただろうし、舟で助かったということも多かっただろう。洪水伝承は思いつきやすいし伝播しやすかったわけだ。

4　パンドラ——ギリシャ神話の「イヴ」

●パンドラの箱

ギリシャ神話由来で今日でも頻繁に使われているキーワードに順位をつけるとすれば、「トロイの木馬」が一番だろうか？　それとも「パンドラの箱」だろうか？　「トロイの木馬」については第3章で取り上げるとして、ここでは「パンドラの箱」を説明しよう。これは天地創成に続く人類の苦難の始まりの神話に属する。

ヘシオドスの『仕事と日』によれば……。

クロノスを継いだゼウスは、人間と神々との差異をかっちりさせることに神経を使っている。つまり人間に対してけっこう意地悪だ。3で紹介したように、プロメテウスは人間に同情して天界の火を彼らに与えた。ゼウスは怒ってプロメテウスに懲罰を与えると同時に、人間にも新たな意地悪を画策する。それが人間どもを惑わす絶世の美少女パンドラの創造である。

といっても、実際にはオリュンポスの神々の共同作品だ。まず鍛冶屋のヘパイストスが土と水をこねて女の原形をこしらえた。それに泥棒の神ヘルメスが不実の性質を心臓に、嘘の性質を口に植えこみ、美の女神アプロディテが男どもを酔わせる妖しい魅力を全身に沁み込ませる。アテナは得意の機織り術を生かして魅惑的な衣装を織り出した。

ギリシャ語でパンドラとは「すべての贈り物」を意味する（女性名詞である）。神々があらゆる性質を付与した人類への贈り物だからだ。

で、彼女はプロメテウスの弟のエピメテウスの許に送られた。このあたり、よくわからないのだが、プロメテウスが神様ならエピメテウスも神様だろうに、人類への贈り物がまずこの神様の住まいに届いたのはなぜだろうか？　まあ、プロメテウス経由で火が天界から人間界に渡ったように、エピメテウス経由で性悪の女が天界から人間界に持ち込まれたというふうに理解しておけばいいのだろう。

「先見」の申し子であるプロメテウスであれば、神々の良からぬ企みを見抜いて贈り物はそのまま返送しただろうが、「あとになってから考える」という意味の名を持つエピメテウスは、考えるも何も、美少女の魅力にくらくらっときてしまった。それでパンドラをちやほやと歓待した。上空ではゼウス以下の神々がほくそ笑んで見ていたことだろう。

紀元前五世紀頃のギリシャ産の壺（詳しくはアッティカ赤絵式渦型クラテルという）に、エピメテウスがパンドラを受け取ったシーンを描いたものがある。それを見るとパンドラはなんだか大地から生えてきたかのごとくに足の部分が地面の下に隠れている。そして万歳のような姿勢をしている。「パンパカパーン！パンドラでーす！」というような登場の仕方だ。あるいはリオデジャネイロオリンピックの閉会式で地面から出てきた「安倍マリオ」のような登場の仕方と言うべきか。

彼女がパンドラだとわかるのは、壺絵にちゃんとパンドラと書いてあるからだ。その左隣に木槌を持ったエピメテウスが立っている。木槌はパンドラを大地から解放するためのものであるらしい。となると、パンドラもまた大地＝冥界から生まれ出る植物のようなものなのだろうか？　パンドラの上の空中には翼を持った小さな神が描かれている。エロス神すなわちキューピッドだ。エピメテウスに恋が芽生えた？

エピメテウスの背後にはヘルメス神がいて、ゼウスから贈られた花を運ぶところである。なんだかメデタそうだ。

さて、パンドラは彼女自身が魅惑満載の贈り物であったが、彼女の分身とも言うべき甕あるいは箱も贈り物として携えていた。中身は見てはいけないことになっていたから、浦島太郎が貰った玉手箱のようなものだ。

で、パンドラは、考えもなしにその甕を開けてしまった。悪意から開けたというわけでもないところが、かえって悪質なのかもしれない。ともあれ、開けてびっくり玉手箱、甕の中からはありとあらゆる苦難や罪悪——つまり犯罪とか病苦とか戦争とか陰謀とか悪口とか不運とかそういうものだろう——が飛び出してきた。神々が詰め込んだものだ。

パンドラはあわてて蓋を閉めたが、悪いものはすべて世界中に広がってしまった！

これがつまり、よく言う「パンドラの箱を開ける」という言い回しの起源である。

●最後に残った希望

さて、この物語には、甕の中には弱々しい「希望」だけが残ったというオチがついている。

だが、甕の中身がなぜ各種の害悪プラス「希望」の詰め合わせという極めてアンバランスな構成になっているのだろう？

このあたり腑に落ちなかった人もいたためか、バージョン違いの物語も生み出されている。それによると、甕の中にはあらゆる善きものが隠されていたが、「希望」を除いてぜんぶ出て行った――雲散霧消した――のだそうだ。こちらのほうが筋が通っているようだ。

もう一つ、「希望」そのものを悪いものだと考えた人もいる。その場合、「希望」というよりも「予期」のような意味となり、悪い未来を予期するのは、やっぱり不幸なことだと考えるわけだ。

それならいっそ、「希望」なんぞを持つこと自体が災難だと捉えてしまうのはいかがだろうか？　しかしまあ……そこまで深読みを要求するような神話では本来なかっただろう。辻褄合わせはほどほどにしておいたほうがいい。

●イヴとパンドラ

パンドラの物語はそもそも、たった一人の少女が害悪を地上に持ち込んだという話ではない。神話の話の流れとしては、最初に存在していた人類というのがぜんぶ男性だったらしいのである。神話を生み出した古代社会はすでに男尊女卑の家父長社会になっていたから、神と人類を対比するときには、神のほうも人間のほうもまず男のイメージで語られる。

パンドラが地上に送られたとは、人類（男ども）の災いとなる女性なるもの一般が神から送られたということである。これを神話的に描けば、人類最初の女性パンドラの物語となる。

そういう意味で、パンドラは旧約聖書のイヴ（エバ）に相当する。聖書の告げるイメージでは、天地創造の神が造ったのはまずもって男性アダムである。初めに男性ありき。次に男性の助手として女性イヴをアダムの肋骨から捻くり出す。

ところがこのイヴが悪魔たるヘビに騙されてしまうのだ。そして食ってはならぬ禁断の実を食べ、うっかり者の夫にも食べさせる。おかげで夫婦ともに神様のお叱りを受けることになり、地上の楽園エデンから追放される。

禁断の実はアダムも食ったのだから同罪ではあるのだが、「男どもよ、気をつけないと妻に騙されるぞ」というニュアンスで受け取られてきたことは間違いない。

旧約神話を思いついた古代イスラエルの祭司たちは妻に頭が上がらなかったのかもしれない。同様に、パンドラ神話も「女は性悪だぜ」と酒を飲んで頷き合っているギリシャの田舎親爺たちの思いつきだろう。

『神統記』にもパンドラ神話の梗概（こうがい）のようなものが書かれているが、やはり作者ヘシオドス自身の女性観が如実に表われた内容となっている。ヘシオドスは男性を蜜を集める働きバチにたとえ、女性をのらくらハチ（実際には雄バチ）にたとえて、女性というものを哀れな男性の労働の成果をかすめとる悪党のように言っている。

古典学者の呉茂一によれば、「一体に彼〔＝ヘシオドス〕の婦人観はかなりゆがめられていて、あるいは彼の個人的な体験に根ざすかとも考えられる」との由である（呉茂一『ギリシャ神話』第一章第四節）。ヘシオドスが五段階の人類退化論を書いたのも、性悪の弟に対する憤激がもとになっている。

こうした私情が産み出した神話を後代の人々が有難く読んできたのだと思うとおかしい。

東西を問わず、一般に神話や宗教の女性観が芳しくないのは、神話が文字に書き留められた時代が、ちょうど戦乱の中で男どもの権力が確立されつつある時代だったからだ。

神話はあれこれの女神についてはたいへんに美化しているが、それはむしろ男性の欲目から出たものだろう。ヴィーナス像には性的な願望が、大地母神のイメージにはマザコン的欲望が見え隠れしている。神々の浮気譚（たん）などは、神話を語っている男たちの欲望が露骨に反映されていそうだ。

ちなみに、太陽神を女神様アマテラスとしている日本神話の女性観はどうだろうか？　島々を産んだのはイザナキとイザナミという夫婦神だが、このふたりが柱を巡って象徴的に出会ってみせ、声をかけ合うとき、最初に女のイザナミから声をかけたのが祟って、第一子は形をなしていなかったので、葦船（あしぶね）に乗せて流したことになっている。男が先、女が後でなければならないのだ。

また、イザナミはその後、火の神を産んでホト（陰部）を焼かれて死んでしまい、黄泉と呼ばれる死後の世界に行く。夫のイザナキが死んだ妻を追いかけて冥界までやってくるのはたいへんロマンチックなのだが、妻の正体がウジのたかった死体だと知ってからは、不実な夫はほうほうのていで逃げ出してしまう（まあ、しょうがないが）。そして地上との境界で、ふたりは互いに呪い合う。イザナミが一日に千人殺してやると言うと、イザナキは一日に千五百人ぶんの産屋を建てると言う。この時点では、イザナミは冥界＝死を代表しており、イザナキは地上界＝生を代表している。

というわけで、古事記の描き方では、男女の対比は、いわばプラス側の陽の原理とマイナス側の陰の原理の対比となっている。ポジティブに出てくるのが男であり、消極側に置かれるのが女という感じだ。聖書やギリシャ神話の男女観とはまたちょっと違ったやりかただ。これは陰と陽で八卦見をする中国思想の影響だろう。

5　美神アプロディテと愛神エロス

●陽根の泡から生まれた女神

美と恋の女神アプロディテと言っても、耳にしたことのない方も多いだろう。ローマ神話での呼び名、ウェヌスと聞いてもまだピンと来ないと思われる。しかしそれを英語読みしたヴィーナス（ビーナス）であれば、知らない人はまずいない。

美女の代名詞だが、日本人好みの可憐な感じではない。彫刻などを見ると、もっとむっちり豊満なイメージだ。それでもボッティチェッリの名画「ヴィーナスの誕生」に描かれているヴィーナスはちょっと可憐さがある。

ボッティチェッリが描くヴィーナスはホタテ貝の上にすっくと立っている。なんでホタテ貝？　お気づきのように貝は女陰のメタファーである。安産のお守り

美神アプロディテ

ボッティチェッリ『ヴィーナスの誕生』

が子安貝（タカラガイ）であるがごとくだ。伝統的にアプロディテ＝ウェヌスをもともと大きな貝であるホタテで象徴することが行なわれていた。ボッティチェッリはその伝統に沿ったのである。

絵の中のホタテは海上に浮かんでいるように見えるが、もともとの神話では、ヴィーナスすなわちアプロディテは海から直接姿を現わすのでなければならない。その神話――またしてもヘシオドスの『神統記』記載のものだ――によれば、クロノスが鎌で切り取った父ウラノスの陽根（本章1参照）が海に落ちて浮かんでいたところ、周囲に泡がプクプクと沸き上がり、その泡（アプロス）の中に女神アプロディテが出現したのであるとか。アプロディテは別名アプロゲネス（泡から生まれた女神）という。

珍妙な神話である。「泡から生まれた」というのは、アプロディテという神名から逆に思いついた話（いわゆる民間語源説）であるらしい。しかし「陽根から生まれた」というのは、いったいどういうことだろう？　一方ではホタテ（＝女陰）、他方では天神ウラノスのおちんちん、と、ひとりで陰陽和合のメデタイ象徴を形づくっているわけだが、この神話を語っていた人たちが何を考えていたのかはよくわからない。

絵の解説に戻ろう。右側からアプロディテに衣を着せようとしているのは、季節の女神（ホーライ）の一柱である。左側にややこしく絡まりあって浮かんでいるのは西風の神ゼピュロスとその奥さんである春の女神フローラである。季節は春ということらしい。ゼピュロスは頬を膨らませて西風を吹いて、アプロディテの乗ったホタテを陸地まで送り届けたという一段である。

この陸地はキュテラ（ギリシャ本土に近い小島）かもしれないし、そのあとで向かったキュプロス（今日のキプロス）かもしれない。どちらもアプロディテ信仰に縁の深い土地だ。

●もう一つの誕生譚

ヘシオドスの説のとおりだとすると、アプロディテはゼウスの子ではないということになる。ウラノスの陽根経由で「血縁」ということにはなるだろうが、太古の神々に属することになるし、単性生殖というのもなんだか原始的である。

だが、アプロディテの誕生に関し、ホメロスはまったく違ったふうに伝えている。この大叙事詩人は「ゼウスの娘アプロディテ」としっかり歌っている（『イリアス』第五章三一二）。

母親は天空神ウラノスと大地の女神ガイアから産まれた（別説あり）ディオネだという。ディオネという名前自体はゼウスの語源ディエウからの派生であり、天空の女神らしい。神話的にはたいしたものはない。物語が精彩を欠くせいか、アプロディテ誕生に関してはこちらの説よりも、ヘシオドス説のほうが一般に広まった。

●アプロディテの面白神話

アプロディテが工芸神へパイストスの嫁になり、アレスと密会しているところをへパイストスの罠にかかってややこしい姿勢のまま神々に照覧される憂き目にあったという、艶っぽいものの女神としての威厳にいささか欠けるエピソードについてはすでに紹介した（第1章の1、アレスのところ）。また、美少年アドニスをめぐる神話も紹介済みである（第1章の2）。

アプロディテは美女の代名詞だが、そもそもたいていの女神は美人としてイメージされている。ゼウスの正妻ヘラもアテネの守護神アテナも自分こそが一番美しいと思っていた。この三柱の女神たちが「誰が一番美しいか」というつまらない勝負で互いに睨み合ったことがある。

そもそもは、ある神様の結婚式に呼ばれなかった女神エリスが怨恨（えんこん）から仕掛けたものだ。エリスは争いの女神なのである。彼女は女神たちが集っているところに黄金のリンゴを放り込んだ。リンゴには「最も美しい女神へ」と刻まれていた。女神たちの喧嘩を見て、ゼウスはトロイアの王子パリスに判定させることを決める。神々が判定したのではあとあと問題が残りそうだから、人間に判定させたということか？

パリスはもとより女色に溺れやすいタイプだったので、こういうゲームは嫌ではなかったし、女神たちから賄賂として様々な約束を聞かされるのも嫌ではなかったに違いない。

主神の奥さんであるヘラの約束は「私を選んでくれたら、お前さんを全アジアの王にしてあげる」というものだった。戦いのエキスパートでもあるアテナは「私を選んでくれたら、お前さんを常勝の戦士にしてあげる」と告げた。美と恋の専門家であるアプロディテは「私を選んでくれたら、お前さんに人間の中で最高の美女であるヘレネと結婚させてあげる」と告げた。

チャラ男であったパリスは政治的帝王なんかより、軍人の鑑なんかより、美人のお嫁さんが嬉しいに決まっている。アプロディテの判断は正しかった。パリスは黄金のリンゴをアプロディテのものとした。

アプロディテは喜んだようだが、賄賂で勝ったことを神様としてはどう考えたのだろうか？　しかも、景品とされたヘレネはスパルタ王メネラオスの奥さんなのである。当時は一夫一婦制ではないが、悶着が起こることは免れない。パリスはヘレネを奪って故郷トロイアに連れていった。スパルタ王は怒った。全ギリシャの英雄たちを糾合し、ギリシャ連合軍をつくり、トロイアを攻め落としに行った。これがトロイア戦争の端緒だ。

トロイア戦争については第3章で扱うことにしよう。

●アプロディテの起源

神話ではなく歴史的事実の話をしよう。いったいアプロディテ信仰とはどのようなものであったのか？

アプロディテはキプロス島と結びつけられているが、キプロスはだいぶ東方にある島だ。アプロディテ自身も東方オリエント世界からやってきたものであるらしい。

現在イラクのある地に、紀元前三千年紀にシュメル文明が開化し、続いてバビロニアなどアッカド文明が開化した。シュメルにはイナンナと呼ばれる女神がおり、バビロニアにはイシュタルと呼ばれる女神がいた。さらに地中海沿岸のフェニキアにはアスタルテという女神がいた。いずれも多産、豊穣、性の営みにかかわる大女神だ。娼婦の守護神でもある。これがギリシャ化したのがアプロディテなのだと言われている。

ちなみに、バビロニア神話のイシュタルはそのまま金星――明けの明星と宵の明星――でもある。西洋の天文学ないし占星術でも、金星はアプロディテないしウェヌス（＝ヴィーナス）である。今日英語で金星はヴィーナスと呼ばれる。

●愛神エロス

アプロディテと縁の深いのが愛神エロスである。エロスは「愛」そのものを意味する。ローマ神話ではアモル（愛）とかクピードー（欲望）とかと呼ばれる。なるほど、愛とは欲望に他ならない。

エロスは有翼とされ、弓を持つ姿に描かれる。ひらひらと飛んできて、恋の矢を放つのである。当たった者はたちまち恋に落ちる。

エロスが奇妙なのは、ふつうは少年の姿にイメージされているにもかかわらず、年齢的には神々の中でも最長老の一柱であることだ。彼は天地の初めに、原初の空虚（カオス）から大地（ガイア）などとともに出現したのである（本章の1）。

愛（エロス）は事物を結びつける原理である。物理学でいう重力や引力のような、基礎的な原理である。この結合力が人間界に働くときは、いわゆる色恋沙汰

アモルとプシュケの像（カノーヴァ作）

を引き起こすのである。

年格好が曖昧であるエロスは出自が曖昧であるアプロディテと結びつけられ、いつしか「アプロディテはエロスのお母さん」という説が生まれた。片方は美と恋の女神、片方は恋の矢を持つ少年神だから、イメージ的にセットになるのは理解できる。

なお、エロスは時代を下るにつれて次第に若くイメージされるようになり、ついに赤ん坊の姿になった。いわゆるキューピッド（クピードー が英語化したもの）である。

エロスをめぐる神話を一つ紹介しよう。ただし正規のギリシャ神話ではなく、だいぶ後世のローマの神話である。

人間の王女プシュケ（意味は「魂」）は美少女で有名だったが、アプロディテがまたしても嫉妬する。女神はエロスに、少女を卑しい男とくっつけてしまえと命じる。だが、エロスは矢を放つときに失敗し、自分の指を傷つけてしまう。おかげでエロスはプシュケに恋心を抱くようになる。彼は夜な夜なプシュケのもとに通う。

だが、真っ暗な中やってくる正体不明の神についてプシュケが不安を抱いたのは当然だ。王女がある晩に燭台（しょくだい）の灯で眠っている愛人を照らすと、これがまたとんでもないイケメンであった（赤ん坊のキューピーちゃんではなかったようだ。ティーンのイケメンであろう）。びっくりしたプシュケはうっかり蝋燭（ろうそく）の蝋をエロスの体に一滴垂らしてしまう。目覚めたエロスは怒ってそのまま姿を消す。

このあとプシュケはエロスを求めて女神アプロディテに会いにいくが、女神は無理難題をふっかけるなど意地悪をする。しかし結局は、ゼウスの許しがあって、エロスとプシュケは結婚するのである。魂と愛の結婚だ。めでたいではないか。

第3章

英雄たちの活躍

ギリシャ神話には人間たちも登場するが、人間の中でもほとんど神様並みに優れている存在がいわゆる英雄（ヘーロース）、英語で言うheroだ。実際彼らは母が人間、父がゼウスといったふうに神の血を引いていたりもする。系譜的に見て神と人間の境界線は微妙だが、ギリシャ人の神学的な信念としては、神は不死なる存在（英語で言えばimmortal）、人間は死すべき存在（mortal）というふうに厳然たる違いがあった。

ヘラクレス、ペルセウス、テセウス、イアソン、アキレウス、オデュッセウス、オイディプス……と英雄が非常に多いのも、ギリシャ神話の特徴となっている。強い男がよっぽど好きだったのか？　あるいは島ごと、都市ごとの分権状態が続いたので、ローカルな豪族の神話がいつまでも残ったということか？

大勢いる中でもヘラクレスはとくに有名で、一人で英雄何人分もの活躍をし、その挙げ句に死後には神として迎えられている。

オイディプス（＝エディプス）は英雄というよりも、悲劇の王様として知られている。たいへんな知者であり、善政を敷いて民の信望も厚かったのだが、運命のいたずらで、そうとは知らずに父を殺し、母を妻に迎えてしまった。

男児には母への近親相姦願望があるというエディプスコンプレックスはフロイトの思いつきだが、オイディプス王が聞いたら怒り狂うだろう。オイディプス王の近親相姦はあくまで運命の悲劇なのである。

ともあれ、これは神話というより「ギリシャ悲劇」という舞台の脚本として紹介したほうがいいので、本書では解説を割愛させていただいた。

1　ペルセウス——英雄、怪獣、お姫様

ファンタジーといえば、ヒーローが出てきて悪漢を倒して人々を救い、何よりも美形の娘さんを救出して見事結ばれるというのが定番である。そしてこのパターンは古代の英雄神話と同型である。英雄ペルセウスは海の怪獣をやっつけてお姫様アンドロメダを救う。それはもちろんその土地の人々の救いでもある。英雄が竜退治をやってお姫様を救うのは、なにもギリシャ神話ばかりの話ではない。日本神話のスサノヲも怪物ヤマタノヲロチを退治してクシナダヒメというお姫様を救っている。スサノヲは人間ではなくて神様であるが、日本神話では神と人間との境界はギリシャ神話以上に曖昧だから「英雄」と呼んでも構わないだろう。

ともあれ、怪物退治、竜退治というのは英雄神話の典型である。そしてさらにその代表格とされるペルセウス神話のディテールを、以下でゆっくり紹介するこ

とにしよう。

●ペルセウスの生まれ

ペルセウスの母ダナエはアルゴスの王女である。アルゴスというのはギリシャ南部はペロポネソス半島にある小都市で、現代ギリシャの首都アテネと「スパルタ教育」で有名なスパルタの中間くらいにある。

さて、そのアルゴスの王様に神託が降る。

「汝は自らの娘の産む子によって殺されるであろう」

神託がそう告げる以上、どうあがいても王様は孫に殺される運命にあるのだが、誰しもそうするであろうように、ダナエのお父さんも運命に抗うことにした。

王様は娘を頑丈な部屋に閉じ込めた。しかし、人間の男は入り込めないとしても、神様なら自在に入り込める。例によって女性に目のないゼウス大神がダナエに目をとめ、雨水に身をかえて天空から部屋の中に侵入してしまった。古代地中海の建築であるから、たぶん部屋の真ん中は青天井になっていて、天水桶に水を貯めて生活用水にしていたのだろう。神様が入り込む隙はいくらでもあったのだ。

雨水に化けて侵入したゼウスはダナエの足の間にするりと流れ入って、思いを遂げた。このようなやり方でも本当に「思いを遂げる」ことになるのかどうか疑問だが、やはり神様のセックスは人間とは違うものと見える。

ダナエは妊娠し、ついに子供が産まれる。ダナエは生まれた子をペルセウスと名づけた。もちろんお父さんには内緒である。

ちなみに母親が処女で父は神様であるというパターンは、英雄神話などによくある類型で、イエス・キリストの出生もこのタイプである。聖母マリアは処女で懐胎したのだ。

さて、娘に息子ができたことは、父王の知るところとなる。憤慨した王は娘と孫とを箱に押し込んで、海に流す。

英雄ペルセウス

箱はセリポスという名の島に流れ着く。哀れな母子はそこの漁夫ディクテュスに助けられ、以後はセリポス島で暮らすことになる。

ディクテュスの兄弟ポリュデクテスはこの島の王だったが、あるときダナエの美貌に気づき、妃に迎えようとする。しかしダナエは突っぱねる。どうやらポリュデクテスはあまりタチのいい男ではなかったらしい。やがてペルセウスも大きくなり、島のボスもうかうかダナエに近寄れなくなった。

王はこの鬱陶しい坊やを追い払うべく画策する。人々を招いて宴会を開き、宴席の人々に王への忠誠の印に贈り物をしろと迫る。客人たちは「王者への贈り物といえば、馬ですな」とか何とか適当なお追従を並べるのだが、なぜか大人にまじってこの席に招かれていたペルセウス青年は、馬など持っていないので、悔し紛れに「僕は怪物ゴルゴンの首っ玉だって取ってこれるんだがなあ」と大きなことを言ってしまう。

王はすかさず「そりゃあいい、ぜひ取ってきてくれたまえ」と応じる。

かくしてペルセウスは、本気で冒険に乗り出さなければならなくなった。

●メドゥーサ退治

ゴルゴンというのは三姉妹の怪物婆さんである。顔は醜く、髪の毛はみな蛇になっており、翼があり、目には睨みつけるだけで相手を石に変えるという魔力があった。三姉妹のうちメドゥーサだけが不死ではなかった。首を取るならこのメドゥーサである。

ペルセウスはどのようにして彼女の首を獲得したか？

英雄の好都合なところは、しばしば神々が手助けしてくれる点にある。現代のファンタジーのヒーローも、常人ならざる超能力を持っていたりする。なにせ運に恵まれているのだ。古代風に描くと神の御加護があるということになるだろう。

ペルセウスの場合、伝令神ヘルメスが味方についてくれた。ヘルメスはまずペルセウスをグライアイという老婆三姉妹のもとに連れていく。グライアイはゴルゴンたちとも血がつながっているのだが、この三姉妹もまた、一個の眼球と一本の歯を交替で使うという薄気味悪い婆さんたちであった。ペルセウスは三姉妹が交換中の眼球をさっと奪い、森の精霊ニンフたちの居場所を教えるようにと迫る。老婆たちはしぶしぶ道順を教える。

かくしてペルセウスはニンフたちのところに行きついた。そしてこの彼女たちから冒険に必要ないくつかのアイテムを借り出す。そのアイテムとは、翼つきのサンダル、透明人間になれる帽子、ゴルゴンの首っ玉を封入する袋であった。魔法のアイテムをそろえて冒険に乗り出すという段取りは、現代のスマホゲームなどの踏襲するところでもある。

一番肝心な攻撃用の武器はヘルメスが貸してくれた。首を掻っ切る鎌である。これで完璧だ。あとはペルセウス自身が勇気を示すばかりとなった！

アテナの御加護を得て、ペルセウスは西の彼方へひとっ飛びする。彼はゴルゴンたちの住処に忍び寄る。化け物婆さんたちは眠っていた。ペルセウスは青銅の盾にメドゥーサの頭を映し出し、後ろ向きに彼女の首を刎ねる。

見事成功！　彼は怪物の首をニンフの袋に入れて、そのまま空へと駆け出す。ニンフから借りた帽子のおかげで透明になっていたので、ゴルゴンたちは誰に襲われたのかもわからず、もちろんあとを追うこともできなかった。

●海獣退治とアンドロメダ姫の救出

さて、冒険に成功したペルセウスが故郷に戻ろうと空中をすいすい飛んでいくと、眼下の海岸に、岩に縛り付けられたお姫様の姿があった。お姫様の正体は、エチオピア王女のアンドロメダ。一目惚れしたペルセウスは地上に舞い降りて事情を尋ねる。

アンドロメダ姫は海の怪物ケートスの生贄となるべく縛り付けられているので

あった。

ペルセウスはお姫様を嫁に貰おうと決心し、ケートスをやっつける。星座の「くじら座」となっている海獣だが、壺絵などに描かれるその姿は、どう見ても我々の知るクジラではない。ゴジラでもなく、イルカでもなく、ジョーズでもなく、巨大イカでもない。空想上の怪物で、まあ、竜の一種とでも呼べるだろうか。

絵などに描かれるところでは、ペルセウスは怪物に向かって石を投げつけたり、鎌を振りかざしたりしている。メドゥーサの首を袋から出して相手を石に変えるよりも正統的な戦い方だ。

かくして海獣を退治したペルセウスは、晴れてアンドロメダと結ばれる。

なお、エチオピアに怪物が現われたことにはわけがあった。そもそもの原因はアンドロメダのお母さん、女王カシオペイアにあった。

あるときカシオペイアは、自分の美貌を自慢して「海の女神ネレイデスたちだって私にはかなわないわ」と口走る。神話の世界ではこういうことを言うのは禍のもとである。カシオペイアの豪語は海神ポセイドンの知るところとなり、怒った神はエチオピアの海岸に怪物を出現させる。ケペウス王はこの怪物が国民に危害を加えないようにするため、娘を人身御供に差し出す。お妃のほうを生贄にすればいいだろうにと思ってしまうが、怪物が乙女のほうを好むんだからしょうがない。

ちょうどそのとき、ペルセウスが通りかかり、この不幸な王女様を救ったというわけだ。

●大団円、神託の帰結

さて、今やお嫁さんを得たペルセウスは、気になる故郷の島に急いで戻った。すると、間一髪、お母さんはポリュデクテスの暴行を避けるために祭壇へと逃げ込んだところであった。ペルセウスはこの強姦未遂男とその仲間たちの前に現われ、例の袋の中身を見せる。

「お約束のものだ！　自分で中身を確かめろ！」

「ひえーっ」

悪党どもはみな石に変わってしまった。

この神話は神託のエピソードから始まった。ダナエとペルセウスが流浪の身となったのは、ダナエの父親が孫によって殺されると予言されていたからだ。では、こちらの結末はどのようなものであったか？

ダナエの父はペルセウスの勲功を耳にし、この孫が自分に会いに現われたら困るので、身を隠すことにした。老王は別の町まで逃げた。

そしてそこで催された運動競技会を観戦しているときに、たまたまその競技に参加していたペルセウスの投げた円盤に当たって死んでしまったのである。

神託はどうあがいても成就するものなのだ。

2　テセウス――迷宮と牛人ミノタウロス

●英雄テセウスのデビュー

テセウスという名前はあまり馴染みがないかもしれない。今日のギリシャ国の首都アテネは古代においても最重要の都市国家であったが、そのアテネ出身の英雄がテセウスである。

若い時分の最大の功績が、ミノタウロスという怪物を倒してアテネの少年少女を人身御供から救ったことだ。その後アテネの王様となって、周辺の村落から市域への移住を推進し、アテネを有力な国家にした。

テセウスはアテネ王アイゲウスの子である。アイゲウスはデルポイ詣でからの帰り道、アテネ近くのある都市に逗留した。そこでアイトラという名の娘と寝て、妊娠させる。アイゲウスは帰国にあたってアイトラに次のように告げた。

「たとえ男の子が生まれても、俺の名は伏せておけ。俺は、ほら、あの巨岩の下に剣を隠しておく。その子が成長してあの岩を転がせるほど腕力のある男になったならば、アテネの私を訪ねるように言いなさい」

見どころがあったら俺の子として認知してやろうという、ずいぶん勝手な言い分だ。

で、この娘から産まれたのがテセウスであった。すくすくと育ち、立派な若者になったある日、母は彼に実の父のことを告げた。それを聞いて発奮したテセウスが例の岩に挑戦し、えんやこらとひっくり返した。岩の裏には剣と靴があった。テセウスはその剣を帯び、靴を履いて、アテネへと向かった。

アテネまでの途上、テセウスはたくさんの山賊や盗賊に出会う。こいつらをやっつけることで彼は英雄デビューを果たす。

まず出会ったのは棍棒男だった。金属の棍棒で旅人を襲う悪い奴である。テセウスは棍棒を奪って相手をぶんのめす。いっちょうあがりである。

次に出会ったのは股裂き男。自分の股ではなく旅人の股を裂くのである。二本の松の木を捻じ曲げて左右の足を結びつけ、手を放つと、松のバネで身体は真っ二つとなる。テセウスがこの男に同じことをしてやったのは言うまでもない。

三番目に出てきたのは凶暴な雌イノシシだった。凶暴なのでイノシシと綽名された女だったとの説もある。ともあれ、テセウスはこれを難なく退治した。

四番目は、崖っぷちに陣取って通せんぼし、旅人に「俺の足を洗え」と強要してはしゃがみかけた相手を突き落とすというワンパターンを繰り返していた崖っぷち男であった（先ほどの股裂き男もそうだが、神話や民話の世界にはこうしたワンパターンの悪党がよく出てくる）。テセウスはこやつを崖から突き落とし、崖の下の大亀の餌食にしてくれた。

五番目は格闘技男。旅人と相撲をとっては力ずくで殺していた常勝選手だが、テセウスに出会ったその日に命運が尽きた。

そして六番目に登場するのが、皆さんもどこかで聞いたことがあるであろう引き伸ばし男である。

引き伸ばし男？　聞いたことがない？　ギリシャ語ではプロクルステスという。英語Procrustean bed（プロクルステスのベッド）は画一的で実情に合わない、国民にかえって害をもたらすお役所仕事のようなものを意味する。日本でも政策批評などで用いられる言葉だ。

この男は親切そうに旅人を自宅に招き、さあさあ、ベッドがご用意できていますと告げる。旅人の背がベッドより短ければ無理やり引き伸ばし、はみ出せば鋸で切って殺してしまう！　なるほど官僚的杓子定規の気質を持った悪党だ。テセウスが同じ手でやっつけたのはもちろんだが、引っ張って殺したかちょん切って殺したかは不明である。

テセウスはアテネ近郊の街道に出現するこうした悪党どもをみな退治してしまった。

かくしてアテネの王宮に到着したテセウスは、父王に名乗りを上げる前に、王妃となっていた魔女メデイアの画策で、荒牛退治を命じられてしまう。お安い御用とばかり怪力の牛を怪力でもって退治して戻ってきたテセウスに、魔女は「おや、おめでとう」と言って杯を差し出した。それは毒杯であった。王も魔女の魔法にかかっており、見知らぬこの若者を王位狙いの悪党だと思っていた。

だが、テセウスが杯を干す前に、父王は彼の持っている剣に目を留め、彼が実の息子であることに気づく。杯は叩き落とされ、親子は感動の名乗りを果たす。魔女はトンズラする。英雄の息子がそばにいられた日には、魔法で王を操ることもままならないからである。

●クレタ島の迷宮と牛人退治

さて、このころのアテネは、エーゲ海の南方にあるクレタ島の大国家のなかば従属国であった。アテネはクレタ王ミノスに毎年（あるいは三年もしくは九年ごとに）少年少女七人ずつを差し出さなければならなかったのだ。

史実としても、ギリシャ文明に先んじてクレタ島を中心とするエーゲ文明なるものがあった。そうした過去の時代の記憶がこの神話に反映されているのかもしれない。エーゲ文明には牛信仰があった。これから述べる牛男の逸話にも何か関係がありそうだ。

その神話は次のように始まる。

アテネを訪れたクレタの王子が不審死を遂げる。激怒したクレタ王はアテネを艦隊で威嚇した。アテネはクレタに対して定期的に少年少女を差し出すことになる。

ミノス王はその子供たちをどうしたか？　ラビュリントスと呼ばれる迷宮の中に幽閉し、そこにいる牛人ミノタウロスの餌食としたのだ。

ミノタウロスとは頭が牛で身体が人間という奇妙なキマイラである。彼を産んだのは王妃のパシパエであった。いきさつはこうだ。ミノス王が「我が王国はポセイドンより授けられしものなり！」と宣言し、ポセイドンが牛を送ってくれたらそれを犠牲にして捧げようと高らかに告げたところ、海神がその言葉に応えて見事な牛を送ってよこした。しかしあまりにすばらしい牛だったので、王は惜しくなってしまった。そしてこれを祭礼の生贄とせずに他の牛で誤魔化した。

もちろん神は怒る。怒りは王妃の狂態という形で実現した。なんと、王妃パシパエが例の聖牛に欲情してしまったのである。王妃は牛と思いを遂げ、そして牛頭人身の怪物ミノタウロスを産んだのであった。なんともすごい話だ。

さて、テセウスである。

アイゲウスに認知された王子テセウスは、頭の痛いクレタ朝貢問題を片づけることにした。自分が七人の少年の一人に混じってクレタ島に乗り込み、なんとかしよう！

クレタに向かう船は哀悼の印に黒い帆を掲げるのが常であったが、テセウスは父王に約束する。クレタ島の怪物を倒して戻ってくるときには、白い帆を掲げます、と。

クレタ島に着いた一行を、王女のアリアドネが眺めていると、若者たちの中でひとり光っているテセウスを目敏く見つけ、一目惚れする。いったいに英雄の条件としてお姫様に惚れやすいのもさることながら、お姫様のほうでも惚れてしまうような魅力がなければならない。

英雄にとってお姫様を味方につけるのは、戦いを有利に進めるためのほとんど必須の条件である。神話の世界では、しばしばこのお姫様が英雄に知恵を授けたり、マジカルなパワーを発揮したりする。

アリアドネもまた、自らの惚れた男に迷宮探訪の秘策を授けた。実は彼女自身が思いついたことではなく、迷宮を設計したダイダロスから聞いた方策である。入り口からずっと糸を繰り出しながら奥へ入っていくという、まあ、単純なアイデアだが、このモチーフは後世のファンタジーの迷宮場面でもしばしば使われる。

かくしてテセウスは、迷子になるのを恐れることなく迷宮の奥にずんずん入ってゆき、そこにいる牛男をやっつけることができた。糸をたぐって入り口まで戻ると、生贄の少年少女、そしてアリアドネを連れて出帆する。

ここまでは英雄の嫁取り神話のパターンに沿っているが、ここから先が変則的だ。

テセウスとアリアドネはアテネでめでたく結婚式を挙げたかというと、さにあらず。テセウスはどういう理由でかアリアドネを途中の島に置き去りにしてしまった（そのあとディオニュソス神がアリアドネを妃とする。本来アリアドネはお姫様などではなくてクレタの女神であり、地元を離れるわけにいかなかったのかもしれない）。

テセウス神話の後味が悪いのは、もうひとつ、白い帆を掲げるという約束をテセウスがすっかり忘れてしまったことにもよる。父王アイゲウスは岬に立って船の帰りを待っていたのだが、水平船上の黒い帆を見て絶望し、絶壁から飛び降りた。かくてギリシャの海はアイガイオン海——アイゲウスの海——と呼ばれることなった。日本語では訛ってエーゲ海となっている。

帰国したテセウスはアテネの王位に就くことになった。テセウス武勇伝はここで終わる。

●ダイダロスとイカロス

なお、クレタ島に迷宮ラビュリントスを築いたのは、ダイダロスという建築家・発明家である。世界中の技師の大先輩だ。パシパエが牛と交わるのを助けたのもこのダイダロスだった。彼は牛型の人形のようなものをこしらえて王妃をその中に入れ、奇妙な交わりのお膳立てをした。ミノタウロス退治後は、テセウスを助けた罰としてミノス王によって迷宮に幽閉された。彼の息子イカロスもいっしょに閉じ込められた。

だが、発明家であるダイダロスは難なく脱出する。翼を設計して親子そろって空中に飛び出したのである。

息子には「あんまり高く飛ぶな。翼の部品を繋いでいる膠（にかわ）が太陽の熱で溶けてしまうからな」と言い含めておいたのだが、バイク好きの少年にスピードを出すなと言うのと同じで、そんな訓戒は無駄であった。

案の定、高く飛翔しすぎたイカロスは翼の空中分解とともに墜落した。彼が落ちた海はイカリア海と呼ばれるようになった。エーゲ海のうちのクレタ北東海域の呼称である。

3　星座になった英雄と神々

第1章で紹介したように太陽系の惑星にはオリュンポスの神々の名前がついているが、日本では中国の五行思想に基づいて水星、金星、火星、木星、土星とやっているので、惑星とギリシャ神話をつなげて考えることは滅多にない。「マーズ・パスファインダー」のマーズが戦争の神で、ホルストの組曲『惑星』の「木星（ジュピター）」が神々の王様だと、パッと連想がいく人はあまりいないだろう。

しかし夜空の奥に控えている星座に対しては、《オリオン座》とか《カシオペア座》とか、日本でも国際天文学連合の定めた名前を用いているので、星空からギリシャ神話を思い浮かべるのは日本人にとっても自然なものとなっている。天体観測を通じてギリシャ神話のことを知った人も多い。

全部で八八ある星座のすべてではないが、主だった星座名の大部分はギリシャ神話に由来する。《ペルセウス座》のように英雄神話に基づくものが多いが、ゼウスが化けた白鳥に由来する《はくちょう座》のように神様由来のものも混じっている。

以下で主なものを紹介しよう。

●秋の星座――ペルセウス神話

英雄ペルセウスにまつわる星座は多い。いわゆる「秋の星座」の一群を構成している。

まず、そのものずばりの《ペルセウス座》がある。古来の星座図では、手にメドゥーサの首を持ち、剣を振りかざした姿に描かれる。髭をはやした親爺のように描かれるのが普通であるようだ。メドゥーサの首の目のところにあるのがアルゴルという変光星だ。

ペルセウスの隣には《アンドロメダ座》がある。星座よりもそこに含まれるアンドロメダ銀河で有名な一区画だ。アンドロメダ銀河は我が天の川銀河の隣人である。

アンドロメダの隣には母である王妃カシオペイアと父である王様ケペウスが鎮座ましましている（それぞれ《カシオペア座》と《ケフェウス座》。カタカナがギリシャ神話の名前と違っているのは、天文学ではラテン名に基づく通称のほうを用いるからである）。《カシオペア座》はW字形で知られるが、自称絶世の美女とWの字とは何の関係もない。

アンドロメダ姫はペルセウスに救われて海の怪物ケートスの生贄になるのを免れたのであった。その怪物は《くじら座》となっている。先にも説明したがこの「くじら」は我々の知るくじらではない。星座図を見てもヘンテコな姿に描かれている。

《アンドロメダ座》の近くには《ペガスス座》がある。ペガスス（ギリシャ神話ではペガソス）とは翼の生えた天馬の名前で、ペルセウスがメドゥーサの首を切ったとき、ほとばしる血から生まれたとされる。

　ペルセウス関連の星座はかように夜空を賑わしているのだが、テセウスのほうはどうしたものか天空とは縁がない。テセウスが糸を繰り出しながら忍び足で歩くところを描いた星座とか、「迷宮座（ラビュリントス）」とか「牛人座（ミノタウロス）」とかがあれば面白いだろうに、ないのは残念至極である。

　テセウス関係ではかろうじてアリアドネに縁のある星座がある。《かんむり座》だ。ただしそれは、テセウスに棄てられたアリアドネをディオニュソスが花嫁に迎えんとして贈った宝冠が天に上げられたものだ。やっぱりテセウスとは無関係なのである。

●ヘラクレス神話の一群

ギリシャで最も有名な英雄といえば怪力男のヘラクレスだが、彼にまつわる星座がいくつかある。まずは《ヘルクレス座》（ヘルクレスはヘラクレスのローマ名である）。残念ながらこの星座はかなり名ばかりであって、実際には暗くてよく見えない。

目ではっきりと認められるのは一等星レグルスを含む《しし座》だ。これはヘラクレスが退治した化け物ライオンを記念したものだ。ヘラクレスはこのライオンの皮をふんどしにして身につけている。

ヘラクレスはヒュドラと呼ばれる首がたくさん生えた水蛇も退治したが、《うみへび座》とはこのヒュドラを意味するものに他ならない。また、ヒュドラ退治のときに飛び出してきたお化け蟹が《かに座》となっている。ヘラクレスはヒュドラにはだいぶ手こずったようだが、蟹のほうはぶっ叩いてのしてしまった。

英雄ヘラクレス

ヘラクレスは横暴なケンタウロス族といさかいを起こしたことがある。《ケンタウルス座》は半人半馬のこの種族を記念したものだ。

ケンタウロスのひとりであるケイロンはこの種族としては珍しく温厚であり、多くの英雄を育てた賢者であったが、一族とヘラクレスとの争いの最中に、ヘラクレスの放った矢を受けてしまった。

ヘラクレスは他のケンタウロスを狙ったのだが、矢はそやつの体を貫通してケイロンの膝に刺さった。矢にはヒュドラの猛毒が塗ってある。ケイロンは苦しみもがくが、そもそも不死身であるので死ぬことができない。彼は不死の身分を放棄してようやく成仏できた。ゼウスはケイロンの死を惜しんで《いて座》を設けた。教育者ケイロンは弓矢の先生でもあった。

英雄ヘラクレスの事績を紹介しよう。

ヘラクレスのお父さんはゼウスである。第2章の1で紹介した天空の権力争いのとき、ゼウスが人間の助力者が必要だと判断して人間の女に産ませたのであるとか。

例によって嫉妬深いヘラの恨みを受けてヘラクレスは狂気に陥り、自分の子を殺してしまう。その罪をつぐなうために、彼はある王様が出題した十の冒険をこなさなければならなかった（実際には課題は結局十二個に増えた）。

そのいちいちは紹介しない。すでに紹介したお化けライオンの退治とヒュドラの退治がこの中に含まれている。課題の多くは怪物の退治と聖獣の生け捕りだが、中には奇妙な課題もあった。

たとえば、汚れ切った家畜小屋の掃除なんて課題だ。数十年にわたって放置され、何千頭もの牛の糞がたまってとんでもないことになっていたのだ。ヘラクレスは近くを流れている川を誘導してこの家畜小屋に流し込んだ。小屋の汚物は一挙に始末できた！　たぶん下流の人々はひどい目にあったに違いない。

ヘラクレスの最期はケイロンの最期と同様、悲惨なものであった。例のヒュドラの血にひたった下着を着せられてもだえ苦しみ、生きながら火葬してもらったのである。猛毒の下着を着せたのは妻デイアネイラであったが、彼女に悪意はなかった。

つまりこうだ。かつて好色なケンタウロスがデイアネイラに襲い掛かり、ヘラクレスに例の毒矢で射殺されるということがあった。狡猾(こうかつ)にもこのケンタウロスは、死に際にデイアネイラに嘘を告げる。

「私のこの血をヘラクレスの下着に塗ると、浮気除けになるだろう」

この言葉を真に受けた彼女は、ヘラクレスがちょいと浮気をしたとき、下着にその血を沁み込ませて夫に着せたのであった。かくしてヒュドラの毒が矢↓ケンタウロスの血↓下着と伝染していって、ヘラクレスを襲うことになった。

ヘラクレスの死に衝撃を受けたゼウスは、彼を天界で迎え、神々の列に加えた。悲惨な死ではあるが、いちおうハッピーエンドなのである。

●アルゴー船神話の一群

イアソンという英雄がたくさんの英雄を集めて遠征し、黄金の羊皮という宝物を奪取するという冒険譚がある。これもまた様々なエピソードを含むのだが、本書では紙幅の都合で紹介を割愛する。

この黄金の羊皮というのは、昔々、ある兄妹が継母によって人身御供にされそうになったところを、ゼウスが遣わした黄金の毛を持つ羊に救われたという、その神秘の羊の遺物である。羊の本体のほうは、助かったプリクソスによって生贄としてゼウスに捧げられ、星座《おひつじ座》となった。

英雄たちが乗った船アルゴーは《アルゴ座》という南天の巨大な星座となったが、ちょっと大きすぎるというので、二〇世紀になって《りゅうこつ座》《ほ座》《とも座》に分割された（さらに船の一部が近代星座の《らしんばん座》となっている）。

●オリオン座、さそり座、おとめ座……

有名な星座はまだまだある。最も有名なのはなんといっても《オリオン座》だろう。オリオンは巨人の狩人だ。奥さんを失い、地上を放浪し、強姦未遂事件を起こして両目をつぶされ、目を癒すであろう太陽神を求めて東へ東へ旅し……という経歴の持ち主だ。いわゆる英雄ではない。

オリオン座は形が明快なので有名だが、これと同じくらい印象的な形を持っているのが《さそり座》だ。まさにいやらしく尾の曲がったサソリのような形に星が並んでいる。おまけにアンタレスという赤い星を中央部に持つ。いかにも禍々しい。

この化け物サソリが刺さんとしているのは他ならぬオリオンだ。オリオンは神々に好かれていなかったようで、女神ヘラがこのサソリを刺客として地上に送った。

さらに見ていくと……。

《おとめ座》の乙女が何を指すのかは諸説がある。第1章の2で紹介した穀物の霊ペルセポネだという説や、そのお母さんの大地母神デメテルだという説などである。

ゼウスは《おうし座》になっている。神が少女エウロペを追いかけたときに化けた牡牛である。好色なゼウスは他に《はくちょう座》（スパルタ王妃レダを狙ったときに化けた白鳥）や《わし座》（美少年ガニュメデスを襲ったときに化けた――あるいは遣わした――鷲）にもなっている。ガニュメデスはオリュンポスの宴会でお酌して回る。彼が酒瓶を持っている姿が《みずがめ座（アクエリアス）》となった。水瓶じゃなく酒瓶なのだ。

なお、レダは双子を産むが、そのうちカストルはスパルタ王を父とし、ポリュデウケスはゼウスを父としている。兄弟なのに片方は死すべき身、片方は不死身なのだ。ある戦いでカストルが死んだとき、ポリュデウケスは父神ゼウスに頼んで二人仲良く星座にしてもらった。これが《ふたご座》の由来であるという。

4　アキレス腱、トロイの木馬、『2001年宇宙の旅』

●トロイア戦争

かつてトロイア戦争というものがあった、とギリシャ人は語り伝える。アテネの哲学者ソクラテスが生きていたのは前五〜四世紀だが、トロイア戦争を題材とする叙事詩『イリアス』を歌った詩人（ホメロスと呼ばれている）が生きていたのが前八世紀、そしてトロイア戦争が起きたと言われているのが前一三世紀頃である。

トロイアらしき古代遺跡を発掘しても「ここで戦争がありました」という記念碑が出てくるわけではないので、正確なところは何とも分からない。もしかしたら一個のまとまった大戦争など実際にはなかったのかもしれない。

トロイアとされる遺跡は、現トルコの北西の海岸近くにある。トロイア戦争は

――叙事詩の告げるところでは――エーゲ海対岸のギリシャ系諸国が海の向こうの異国と戦った「世界戦争」であった。

ギリシャ連合軍が都市国家トロイアをやっつける波乱万丈の大河ドラマが、幾本もの民族的叙事詩となった。トロイア戦争を扱っているのは『イリアス』ばかりではなかったが、他の叙事詩は散逸してしまった。有名な「トロイの木馬」の原話も、失われた詩の中で詳しく語られていたらしい。

さて、叙事詩の描くトロイア戦争の様子を見てみよう。

トロイアの戦争の原因となったのは、トロイアのパリス王子がギリシャはスパルタ王メネラオスの妃である絶世の美女ヘレネを奪ったことである。これについては第2章の5で説明した。

メネラオスはすぐさまギリシャ各地のボスたちを糾合した。そんなことのためにギリシャじゅうの男たちが「十字軍」よろしく遠征に繰り出したというのはいかにもあり得なそうに思えるが、家父長制下の婚姻の倫理を破壊したパリスの行動や、もしかして好んでパリスのもとに走ったのかもしれないヘレネの行動は、古代人にとってはじゅうぶん「十字軍」的懲罰に値するものだったと言われる（現代人にとっては、人妻を奪ったの奪われたのというのはずいぶんロマンチックなお話に思えてしまうけれども）。

トロイア戦争は長々と続いた。トロイア市の城外にギリシャ軍たちは十年も陣取って、あの手この手で攻めた。ギリシャ軍の間に疫病が流行ることもあった。奇妙なことに、疫病を流行らせたのはアポロン神である。ギリシャといえばアポロン、アポロンといえばギリシャだというのに、なぜだかアポロンはトロイア方の守護者なのであった。

●勇者アキレウスの弱点

トロイア戦争の一番の立役者は、英雄アキレウス（アキレス）である。

彼はペレウスという人間の王とテティスという海の女神様の間に産まれた。ケンタウロスのケイロンが彼の教育係を務めている。母親の女神様は幼いアキレウスの踵をつかんで、冥界の川ステュクス（日本の三途の川のようなもの）に逆さまに浸した。

これで少年は不死身になるはずだったのだが、女神様は踵にまで水を沁み渡らせなかったので、アキレウス改造計画は未完成に終わった。踵だけが弱点として残ったのだ。いわゆる「アキレス腱」である。

弱点が残っていたとはいえ、神様の血を引いているだけあってアキレウスの戦闘能力と豪胆さは息を呑むばかりであった。だからギリシャ勢はすぐにも勝てそうに思われたのだが、トロイア人が籠城を決め込んだので戦況は膠着状態となった。

そんなある日、ギリシャ軍の総大将アガメムノン（メネラオスの兄）が、アキレウスが囲っていた捕虜の女を奪ってしまう。これでヘソを曲げたアキレウスが自分のテントに引き籠もる。これを転機にトロイア勢が巻き返し、ギリシャ軍は苦境に陥る。

アキレウスの親友パトロクロスがアキレウスの武具を身につけて出陣したが、トロイア軍の総大将ヘクトル（パリスの兄貴）に殺される。親友の死の知らせに激しく怒ったアキレウスは戦場に戻り、鬼と化して攻めまくり、ついにヘクトルをやっつける。

彼はヘクトルの遺骸を戦車につないでトロイアの城壁のまわりをぐるぐる回る。この神をも畏れぬ禍々しい行為に、誰もがショックを受けた。

その後も色々あるのだが、最終的にアキレウスはパリスの放った矢を踵に受け、あっけなく死ぬ。命運が尽きていたのだ。

●トロイの木馬

有用なファイルと見せかけてコンピュータに入り込み、あとで色々悪さをしだす悪いソフトを「トロイの木馬」と呼ぶが、この怪しからぬプログラムの元祖にあたるのが、トロイア戦争でギリシャ軍が用いたと伝えられる巨大木馬であった。

アキレウスが死んだあとも戦争はだらだら続き、どうにも埒が明かないので、ギリシャ軍の知将オデュッセウスが奇策を立てた。大工の得意な男に巨大な木馬を建造させ、これをトロイア城内に取り込ませたのである。

木馬というと子供っぽく聞こえるが、ギリシャ軍が建造したのは玩具の類ではなく、アテナ女神への捧げもの、御供物の類である。

これが出来上がるとギリシャの大軍勢はいっせいに船に乗り込んでどこかに消えてしまった。トロイア海岸は一夜にしてカラッポになった。

トロイア人が恐る恐る城外に出てみると、そこには巨大な木馬が鎮座ましましている。そして人身御供にされるところを逃れたと称する一人の男だけが残っていた。

その男は次のように語る。

戦争に倦んだギリシャ軍は神様への御供物の木馬だけを残して故郷に帰ってしまった。木馬がやたらとでかいのは、これが万が一トロイア城内で拝まれるようなことがあったらトロイアが不敗の強国になってしまうとの予言があったから城門をくぐれなくするためなのだ——。

トロイア人は「うまい話を聞いた！」と思った。

今日の我々が送りつけられたメールの「うまい話」を真に受けて、そこかしこをクリックしてしまうようなものだ。

で、まさしくトロイア人もまたクリックした！

つまり木馬を引っ張って城門を通してしまったのである。その夜、十年ぶりに安眠していたトロイア市民たちをどんな悲劇が襲ったか、書く必要はないだろう。

寝静まるトロイア城内に安置された御供物の木馬の蓋が開くや、ぞろぞろとギリシャ兵士が出てきて（五〇人とも三〇〇人とも！）、島影に隠れていた船団の兵士たちを城内に招き入れた。あとは殺戮の嵐である。

さしものトロイアもついに陥落した。

●苦難の旅、オデッセイ

さて、木馬作戦という抜群のアイデアを思い付いたオデュッセウスであるが、賢者と知られる彼も、トロイア戦争後の帰宅にはひどく苦労した。海神ポセイドンを怒らせるようなことをして呪いを受け、十年間も海を放浪しなければならなかったのだ。

彼の流浪を歌ったホメロスの叙事詩を『オデュッセイア』という。英語で書けばOdysseyとなり、日本語ではしばしばオデッセイと書かれる。波乱万丈の苦難の旅を意味する言葉だ。そこから知的探究に挑む冒険的な道行きもOdysseyと呼ばれる。

有名なSF映画『2001年宇宙の旅』の原題は2001: A Space Odysseyだ。宇宙船の宇宙旅行であるから飽きるほど長い旅だという意味でもあるだろうが、宇宙船の船長がモノリスの作用で異次元空間に入り、輪廻転生して赤ん坊スター・チャイルドになるという、とんでもない知的・霊的冒険の旅でもあるから、そのあたりを暗示するネーミングであるのかもしれない。

なお、オデュッセウスが訛ったローマ読みウリッセースUlyssesを英語読みするとユリシーズとなる。ダブリンにおけるある冴えない男の一日を書き綴ったジェイムズ・ジョイスの『ユリシーズ』は、オデュッセイアの波乱万丈のドラマを二〇世紀の凡庸な一日に変えてしまった魔法のようなパロディ型実験作品だ。

元祖『オデュッセイア』に話を戻そう。

物語の前半は苦難続きの船旅を物語るものである。知将オデュッセウスがあちこちで戦ったり、乗組員が動物に変えられたり、その歌声を聴くと気がふれるというセイレーンの魔法にかからないように帆柱に縛り付けてもらってじっと耐えたり、魔女の島に逗留したりと、そんなお伽噺から成っている。

物語の後半で、オデュッセウスは故郷の島に帰りつく。故郷でじっと待っていたのは忠実な妻、ペネロペイアだ。

主人の帰ってこない屋敷には「未亡人」を狙う男どもが次々と押し寄せ、ホールで勝手に宴会を開くようになっていた。立場の弱い女性であるペネロペイアは彼ら「求婚者」を払いのけることはできない。そこにオデュッセウスが出現する。求婚者どもが油断している中、ペネロペイアは客人たちに向かって弓の競技を開くと宣言し、オデュッセウスは自分だけが引ける強弓を受け取る。

そして正体を現わし、不埒な求婚者どもを思う存分成敗する。

血で血を洗う復讐劇ではあるが、最後の大立ち回りの盛り上がりは今日のハリウッド映画に引けをとらない見事さだ。

おわりに　桃源郷としてのギリシャ神話

　序章にも書いたように、二千年近く前に姿を消したギリシャ神話の世界は、今日の我々にとってのファンタジーの故郷となっている。神々や英雄が惑星や星座や様々な観念の中に姿を変えて生き続けているというだけでなく、明るく若々しく瑞々しいイメージを持つその神話的舞台の全体が、どこか桃源郷を思い起こさせるものとなっているのだ。

　天を強調し、また来世の救済を強調するキリスト教と比べたとき、ギリシャ宗教はずっと大地的な世界だ。大地ガイア（地球）に繰り広げられる牧歌的な諸霊の世界である。神々もまた諸霊の親分格としておおらかにセックスを営み、地上的生命を寿(ことほ)いでいる。

　そういう意味で、ギリシャ神話の世界を要約するにふさわしい存在といえば、ゼウスでもなく、いささか抽象的なガイアでもなく、血なまぐさい英雄でもなく、むしろ森や田野で遊び戯れる精霊たち、すなわちサテュロスやパーンやニンフたちかもしれない。

最後にこれら精霊的存在についてまとめて解説して、筆を擱こうと思う。

サテュロスは森の精である。人間の形をしているが、脚はまるっきり獣であり、蹄がある。頭には山羊めいた角があった、耳も山羊だ。尾はなぜか馬であり、でかい一物をピンピンと立てている。若いあるいは壮年のイメージ。

田野でニンフたちを追いかけて遊ぶという他愛もない存在で、つまるところ自然の生殖力のシンボルだ。群れて暮らし、ディオニュソス神などが山野に登場するときは、その取り巻きや前座として踊り狂い、笛を吹いて回る。なんともメデタイ感じで、サテュロスたちが遊んで回る世界を「牧歌的」と呼ぶのだろう。

サテュロスと紛らわしいのがシレノスで、サテュロスよりも馬の要素が目立ち、サテュロスよりも外見的に人間に近く、老成したイメージで、知恵者である。酒好きであるらしい。シレノスは幼いディオニュソス神を養育したことでも知られる。

さらに牧神パーンなるものがいる。パーンはギリシャ本土アルカディアというところの牧人の神とされるが、やはり脚のあたりが山羊となっている。見かけ上サテュロスと区別できるのかどうかわからない。

パーンは種族名ではなく一柱の神様で、ヘルメスがニンフに産ませた子である。産まれるとすぐヘルメスはオリュンポスに連れていってヘンテコな子が産まれたと大いに自慢したという。

他方、女性の精であるニンフなる種族もある。現代語でも生きている（美少女の代名詞みたいに使われる）のでニンフが何者であるか説明を省いてきた。改めて紹介すると、これは森や樹木、川や海などの精霊である。住んでいる空間の違いによって幾種類も存在する。ギリシャ語ではニュンペーと呼ぶのが正しい（ニンフ nymph はニュンペーの英語形だ）。

現代人も知るニンフの代表は森や山で声しか聞かせてくれない謎の少女、エコーだろう。

なお、ニジンスキーの前衛的なダンスで有名なバレエ『牧神の午後』（一九一二年初演）の「牧神」はフランス語でフォーヌだが、これはローマ神話の森の神ファウヌスに当たる。そしてファウヌスはギリシャ神話のパーンだとされる。

ニジンスキーの牧神はニンフが残したベールに発情して性的絶頂を演じてみせ、パリ市民を驚かせた。

牧神のパーンは「すべて」を意味するギリシャ語パーンと同形である。だから生殖力にあふれる牧神は、「世界全体（パーン）」を代表する神様という解釈もあった。通俗語源説だが、意味深とも言える。桃源郷としての神話世界の全体は、森の中で恋する羊飼いや山羊飼いたちの夢想の昇華でもあったからだ。

そんなのがギリシャ神話の世界なのである。

最後になるが、企画と編集を担当されたマイナビ出版の田島孝二氏に感謝の意を申し述べたい。

二〇二〇年一二月

中村圭志

付録：読書案内

ギリシャ・ローマ神話についてさらに知りたいと思う読者のために、簡単な案内を書かせていただく。

●西村賀子『ギリシア神話——神々と英雄に出会う』中公新書

これはコンパクトにまとまっており、わかりやすい。ジェンダー論的視点など、新しい視点の紹介もある。オリュンポス十二神、創世神話、トロイア伝承など基本的なトピックについても充実しているし、女神に注目した章、死と再生を扱った章、オリンピック、怪物、星座神話などをまとめた章もある。

●吉田敦彦監修『名画で読み解く「ギリシア神話」』世界文化社

ギリシャ・ローマ神話の広大な世界へのゲートは何といっても泰西名画の数々

である。本書でも紹介したボッティチェッリ『ヴィーナスの誕生』といった作品だ。だから美術作品を通じて神話を紹介してくれるガイドブックは有難い。入門者にとってわかりやすい本を一冊だけ紹介するとすれば、これであろうか。創世神話とオリュンポス十二神、人間の誕生説話、英雄物語と、論理的構成になっており、変わったところでは「美少年と神々」というギリシャ神話らしい章立てもある。

●中村圭志『図解世界5大神話入門』ディスカヴァー・トゥエンティワン

拙著の宣伝になるが、日本神話（古事記神話）、インド神話、中東神話、北欧神話等、世界の神話の面白い部分を図解入りで——神話相互を比較したりしながら——紹介した本である。ギリシャ神話についてもたくさんのページを割いているので、ご覧いただければ幸いである。

●呉茂一『ギリシア神話』（全二冊）新潮文庫

●高津春繁『ギリシア・ローマ神話辞典』岩波書店

前者は一九七九年、後者は一九六〇年刊行といささか古そうに見えるが、神話はもともと超古いものなので、まあ、気にしなくてもいい。両者ともに神話のあらすじを——いくつかのバージョン違いとともに——詳密に追っているので便利である。かなり詳しいので、他の本で全体像を把握してからのほうがいいかもしれないが。

●フェリックス・ギラン『ギリシア神話』中島健訳、青土社

エジプト神話やマヤ・アステカ神話など世界各地の神話を扱ったシリーズのギリシャ神話編だ。それ自体はギラン編 Mythologie のギリシャ神話部分の訳である。コンパクトかつ網羅的に扱っており、面白く読める。

神話の原典である古典的作品を読みたい方は、岩波文庫に主だったものがそろっている。

●ヘシオドス『神統記』廣川洋一訳、岩波文庫
●ヘシオドス『仕事と日』松平千秋訳、岩波文庫
●ホメロス『イリアス』（全二冊）松平千秋訳、岩波文庫
●ホメロス『オデュッセイア』（全二冊）松平千秋訳、岩波文庫
●『四つのギリシャ神話――『ホメーロス讃歌』より――』逸身喜一郎、片山英男訳、岩波文庫
●アポロドーロス『ギリシア神話』高津春繁訳、岩波文庫
●ヘロドトス『歴史』（全三冊）松平千秋訳、岩波文庫
●ウェルギリウス『アエネーイス』（全二冊）泉井久之助訳、岩波文庫
●オウィディウス『変身物語』（全二冊）中村善也訳、岩波文庫

なお、ホメロスの『イリアス』『オデュッセイア』の岩波文庫版としては、呉茂一訳の旧訳も面白く読める（それぞれ全二冊本である）。

ついでに紹介すれば、岩波文庫のパウサニアス『ギリシア案内記』（全二冊）馬場恵二訳、は、ギリシャ神話の現場の雰囲気を知るには便利だろう。

●澤柳大五郎『ギリシアの美術』岩波新書

●福部信敏『ギリシア美術紀行』時事通信社

ルネサンス以降の美術作品ではなく、古代の彫刻作品や壺絵、墓碑、建築などを通じて神話に接したいという方には美術全集などの西洋古典の部を見られるといいだろう。神話ガイドとしても役立ちそうなのは、美術史家が書かれたこの二冊である。他にも色々あるだろうが、古典美術に対する――ひいては神話を含むギリシャ世界に対する――著者たちの思い入れが伝わってくるので、選ばせていただいた。なお、澤柳氏の写真集『アクロポリス』（里文出版）は一九六〇年代に氏自身が苦労して撮られた貴重な本だ。

●T・H・カーペンター『図像で読み解くギリシア神話』眞方陽子訳、人文書院
神話群に応じた章立てとなっており、神話のシーンが描かれた古代の壺絵や彫刻等の写真を豊富に紹介している。神話や神々が実際にはどのように思い描かれていたか、信仰されていたかを垣間見せてくれる本である。

●著者プロフィール
中村圭志（なかむら・けいし）
1958年北海道小樽市生まれ。北海道大学文学部卒業、東京大学大学院人文科学研究科博士課程満期退学(宗教学・宗教史学)、宗教学者、昭和女子大学非常勤講師。著書『教養としての宗教入門』(中公新書)、『人は「死後の世界」をどう考えてきたか』(角川書店)、『西洋人の「無神論」日本人の「無宗教」』(ディスカヴァー・トゥエンティワン)、『教養として学んでおきたい5大宗教』（マイナビ新書）他多数。

マイナビ新書

教養として学んでおきたいギリシャ神話

2021年2月28日　初版第1刷発行

著　者　中村圭志
発行者　滝口直樹
発行所　株式会社マイナビ出版
〒101-0003　東京都千代田区一ツ橋2-6-3　一ツ橋ビル2F
TEL 0480-38-6872（注文専用ダイヤル）
TEL 03-3556-2731（販売部）
TEL 03-3556-2735（編集部）
E-Mail pc-books@mynavi.jp（質問用）
URL https://book.mynavi.jp/

装幀　小口翔平＋三沢稜（tobufune）
DTP　富宗治
印刷・製本　中央精版印刷株式会社

 ISBN978-4-8399-7435-0
Printed in Japan